驾考不挂科 直考冲关

科目一／科目四

阳鸿钧 等编

中国电力出版社
CHINA ELECTRIC POWER PRESS

内容提要

本书针对驾照直考自学缺乏指导的特点,对新驾考科目一(道路交通安全法律、法规和相关知识)、科目四(安全文明驾驶常识)的内容进行了梳理和总结,精选有代表性的考题,减少学习盲目性,将关联知识点有机组合排列,方便加深记忆,帮助考生轻松通过这两个科目的考试。主要内容包括新驾考科目一、科目四的考试冲关判断题、单选题、多选题及参考答案。

本书适合广大报考C类机动车驾驶证的人员、驾校教练员,以及4S店、车务代理机构工作人员使用,还可供相关学校师生参考。

图书在版编目(CIP)数据

驾考不挂科:直考冲关科目一、科目四/阳鸿钧等编著. —北京:中国电力出版社,2018.3
ISBN 978-7-5198-1362-8

Ⅰ.①驾… Ⅱ.①阳… Ⅲ.①汽车驾驶员–资格考试–自学参考资料 Ⅳ.① U471.3

中国版本图书馆CIP数据核字(2017)第275728号

出版发行:中国电力出版社
地　　址:北京市东城区北京站西街19号(邮政编码100005)
网　　址:http://www.cepp.sgcc.com.cn
责任编辑:莫冰莹(010-63412526)
责任校对:马　宁
装帧设计:赵丽媛　赵姗姗
责任印制:杨晓东

印　　刷:北京博图彩色印刷有限公司
版　　次:2018年3月第一版
印　　次:2018年3月北京第一次印刷
开　　本:787毫米×1092毫米　16开本
印　　张:12
字　　数:325千字
印　　数:0001—3000册
定　　价:55.00元

版权专有　侵权必究

本书如有印装质量问题,我社发行部负责退换

前言 PREFACE

科目一、科目四考试涉及的内容多，范围广，既有驾驶基础理论常识，又有法律法规知识。考试形式是上机考试，满分100分，90分及以上考试合格。

目前，科目一、科目四的考题基本上就是从题库中任意抽考的150道（科目一100道、科目四50道）。因此，认真、全面、系统地做题练习，才是考试不挂科、直考顺利冲关的基本学习方法与考试态度。

为了能够帮助读者顺利冲关科目一、科目四的考试，减少自学的盲目性，特推出本书。全书由5章与附录组成，其中第1章主要介绍了科目一的判断题。第2章介绍科目一的单选题。第3章介绍科目四的判断题。第4章介绍科目四的单选题。第5章介绍科目四的多选题。附录提供了交通标志与汽车图标识别技巧，供解题时参考。

本书适合广大学车考证读者、教练员，以及4S店、车务代理机构工作人员使用，还可供相关学校师生参考。

为了保障内容的真实性、针对性和全面性，编者广泛收集了大量考试真题资料，其中一些考题所涉及的图片与文字原始出处不详，故未能列入参考文献。另外，本书也参考了其他相关资料与网站资料，借本书出版之际，向这些机构和作者表示深深的感谢！同时在此说明，无意侵犯其有关权利。

由于本书编者水平有限，书中难免有不足和欠妥之处，敬请读者批评指正。

编 者

目录 CONTENTS

前 言

第1部分 科目一

第1章 科目一 判断题 1
第2章 科目一 单选题 27

第2部分 科目四

第3章 科目四 判断题 91
第4章 科目四 单选题 135
第5章 科目四 多选题 165

附 录 交通标志与汽车图标识别技巧

交通标志与汽车图标识别对照表 177

参考文献

第1部分 科目一

第1章 科目一 判断题

1. 机动车登记证书、号牌、行驶证灭失、丢失或者损毁的，机动车所有人应当向居住地车辆管理所申请补领、换领。
   ○对　　○错
   【参考答案】错

2. 图示的机动车仪表板上的指示灯亮，提示发动机舱开启。
   ○对　　○错

   【参考答案】错

3. 图示的机动车仪表板上的指示灯一直亮，表示安全气囊处于工作状态。
   ○对　　○错

   【参考答案】错

4. 图示的机动车仪表板上的指示灯一直亮，表示发动机控制系统故障。
   ○对　　○错

   【参考答案】对

5. 图示的机动车仪表板上的指示灯亮，提示左侧车门未关闭。
   ○对　　○错

   【参考答案】错

6. 图示的机动车仪表板上的指示灯亮，提示右侧车门未关闭。
   ○对　　○错

   【参考答案】错

7. 图示的机动车仪表板上的指示灯亮，提示行李舱开启。
   ○对　　○错

1

【参考答案】错

8. 图示的握转向盘的动作是正确的。
　○对　　○错

【参考答案】错

9. 图示的点火开关在START位置起动机起动。
　○对　　○错

【参考答案】对

10. 机动车发生财产损失交通事故，对应当自行撤离现场而未撤离的，交通警察不可以责令当事人撤离现场。
　○对　　○错

【参考答案】错

11. 将点火开关转到ACC位置起动机工作。
　○对　　○错

【参考答案】错

12. 点火开关在ON位置，车用电器不能使用。
　○对　　○错

【参考答案】错

13. 点火开关在LOCK位置拔出钥匙转向盘会锁住。
　○对　　○错

【参考答案】对

14. 机动车发生财产损失交通事故，对应当自行撤离现场而未撤离造成交通堵塞的，可以对驾驶人处以200元罚款。
　○对　　○错

【参考答案】对

15. 申请小型汽车、三轮汽车驾驶证的，年龄应在18周岁以上70周岁以下。
　○对　　○错

【参考答案】对

16. 驾驶机动车在没有交通信号的路口遇到前方车辆缓慢行驶时要依次交替通行。
　○对　　○错

【参考答案】对

17. 在交叉路口遇到图示情况享有优先通行权。
　○对　　○错

【参考答案】错

18. 酒后驾驶发生重大交通事故被依法追究刑事责任的人不能申请机动车驾驶证。
　○对　　○错

【参考答案】对

19. 造成交通事故后逃逸构成犯罪的人不能申请机动车驾驶证。
　○对　　○错

【参考答案】对

20. 驾驶人在驾驶证核发地车辆管理所管辖区以外居住的，可以向居住地车辆管理所申请换证。

○对　　○错

【参考答案】对

21. 在交叉路口遇到图示情况享有优先通行权。

○对　　○错

【参考答案】对

22. 在图示情况的交叉路口转弯要让直行车先行。

○对　　○错

【参考答案】对

23. 行驶到图示情况的铁路道口要停车观察。

○对　　○错

【参考答案】对

24. 未上坡的车辆遇到图示情况让对向下坡车先行。

○对　　○错

【参考答案】对

25. 遇到图示情况可以优先通行。

○对　　○错

【参考答案】对

26. 驾驶机动车在隧道、陡坡等特殊路段不得超车。

○对　　○错

【参考答案】对

27. 在图示情况的铁路道口要加速通过。

○对　　○错

【参考答案】错

28. 驾驶机动车在没有交通信号的路口要尽快通过。

○对　　○错

【参考答案】错

29. 驾驶机动车通过交叉路口要遵守交通信号。

○对　　○错

【参考答案】对

30. 夜间驾驶机动车在窄路、窄桥会车时正确的做法是使用远光灯。

○对　　○错

【参考答案】错

31. 在图示情况下可以借右侧公交车道超车。

○对　　○错

【参考答案】错

32. 在交叉路口遇到图示情况时，要在红灯亮以前加速通过路口。

○对　　○错

【参考答案】错

33. 驾驶机动车超车后立即开启右转向灯驶回原车道。

3

○对 　　○错
【参考答案】错

34．驾驶机动车超车应该提前开启左转向灯、变换使用远近光灯或鸣喇叭。
○对 　　○错
【参考答案】对

35．遇到图示情况不能超车。

【参考答案】对

36．遇到图示情况时，要加速从红车前变更车道。
○对 　　○错

【参考答案】错

37．驾驶机动车行经城市没有列车通过的铁路道口时允许超车。
○对 　　○错
【参考答案】错

38．遇到图示情况下可以从右侧超车。

○对 　　○错
【参考答案】错

39．驾驶机动车通过窄路、窄桥时的最高车速不能超过每小时30km。
○对 　　○错
【参考答案】对

40．驾驶机动车掉头、转弯、下陡坡时的最高车速不能超过每小时40km。
○对 　　○错
【参考答案】错

41．驾驶机动车上道路行驶，不允许超过限速标志标明的最高时速。
○对 　　○错
【参考答案】对

42．驾驶机动车上坡时，在将要到达坡道顶端时要加速并鸣喇叭。
○对 　　○错
【参考答案】错

43．机动车在图示条件的道路上行驶，最高车速不能超过每小时50km。
○对 　　○错

【参考答案】错

44．驾驶机动车在没有中心线的公路上行驶，最高车速不能超过每小时70km。
○对 　　○错
【参考答案】错

45．驾驶机动车在没有中心线的城市道路上行驶，最高车速不能超过每小时50km。
○对 　　○错
【参考答案】错

46．在图示急弯道路上行车应交替使用远近光灯。
○对 　　○错

【参考答案】对

47．驾驶机动车在沙尘天气条件下行车不用开启前照灯、示廓灯和后位灯。
○对 　　○错
【参考答案】错

48．驾驶机动车在道路上向右变更车道可以不使用转向灯。
○对 　　○错
【参考答案】错

49．驾驶机动车在雾天行车开启雾灯和危

险报警闪光灯。

○对　　○错

【参考答案】对

50．在图示环境里行车使用近光灯。

○对　　○错

【参考答案】对

51．驾驶机动车在道路上掉头时提前开启左转向灯。

○对　　○错

【参考答案】对

52．图示红色轿车变更车道的方法和路线是正确的。

○对　　○错

【参考答案】错

53．在图示路段的最高车速为每小时50km。

○对　　○错

【参考答案】错

54．驾驶机动车在道路上超车完毕驶回原车道时开启右转向灯。

○对　　○错

【参考答案】对

55．驾驶机动车在道路上超车时可以不使用转向灯。

○对　　○错

【参考答案】错

56．驾驶机动车不能进入红色叉形灯或者红色箭头灯亮的车道。

○对　　○错

【参考答案】对

57．在路口遇有交通信号灯和交通警察指挥不一致时，按照交通信号灯通行。

○对　　○错

【参考答案】错

58．在图示路口位置时可以加速通过路口。

○对　　○错

【参考答案】错

59．在图示情况下可加速通过交叉路口。

○对　　○错

【参考答案】错

60．上路行驶的机动车未放置检验合格标志的，交通警察可依法扣留机动车。

○对　　○错

【参考答案】对

61．造成交通事故后逃逸且构成犯罪的驾驶人，将吊销驾驶证且终生不得重新取得驾驶证。

○对　　○错

【参考答案】对

62．驾驶机动车在道路上违反道路通行规定应当接受相应的处罚。

○对　　○错

【参考答案】对

63．驾驶机动车违反道路交通安全法律法规发生交通事故属于交通违章行为。

○对　　○错

【参考答案】错

64．对违法驾驶造成重大交通事故且构成犯罪的，不追究其刑事责任。

○对　　○错

【参考答案】错

65．对未取得驾驶证驾驶机动车的，追究其法律责任。

○对　○错
【参考答案】对

66．道路危险货物运输驾驶人员、装卸人员和押运人员必须了解所运载的危险化学品的性质、危害特性、包装容器的使用特性和发生意外时的应急措施。
○对　○错
【参考答案】对

67．危险化学品具有爆炸、易燃、毒害、腐蚀、放射性等特性。
○对　○错
【参考答案】对

68．危险化学品机动车发生事故时要首先向单位领导报告。
○对　○错
【参考答案】错

69．扑救易散发腐蚀性蒸气或有毒气体的火灾时，扑救人员应穿戴防毒面具和相应的防护用品，站在上风处施救。
○对　○错
【参考答案】对

70．压缩气体遇燃烧、爆炸等险情时，应向气瓶覆盖沙土，并及时将气瓶移出危险区域。
○对　○错
【参考答案】错

71．腐蚀品着火时，不能用水柱直接喷射扑救。
○对　○错
【参考答案】对

72．易燃液体一旦发生火灾，要及时用水扑救。
○对　○错
【参考答案】错

73．图示标志的含义是提醒车辆驾驶人前方有很强的侧向风。
○对　○错

【参考答案】对

74．如图所示，A车在此时进入左侧车道是因为进入实线区不得变更车道。
○对　○错

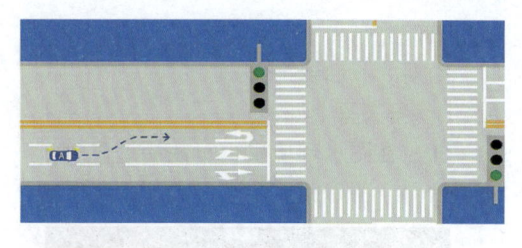

【参考答案】对

75．车辆上坡行驶，要提前观察路况、坡道长度，及时减挡，使车辆保持充足的动力。
○对　○错
【参考答案】对

76．图示标志的含义是提醒前方道路变为不分离双向行驶路段。
○对　○错

【参考答案】对

77．打开前雾灯开关，图示指示灯亮起。
○对　○错

【参考答案】错

78．图示标志的含义是提醒前方右侧行车道或路面变窄。
○对　○错

【参考答案】对

79．图示标志的含义是警告车辆驾驶人前方是人行横道。
○对　○错

【参考答案】错

80．在道路上临时停车不得妨碍其他车辆和行人通行。

○对　　○错
【参考答案】对

81．夜间驾驶机动车通过人行横道时需要交替使用远近光灯。
○对　　○错
【参考答案】对

82．图示标志的含义是提醒车辆驾驶人前方是单向行驶并且有照明不好的涵洞。
○对　　○错

【参考答案】错

83．在图示道路与铁路道口遇到一个红灯亮时要尽快通过道口。
○对　　○错

【参考答案】错

84．A车在图示情况下应适当减速。
○对　　○错

【参考答案】对

85．驾驶机动车遇到漫水桥时要查明水情确认安全后再低速通过。
○对　　○错
【参考答案】对

86．行经图示交通标线的路段要加速行驶。
○对　　○错

【参考答案】错

87．遇到图示情形时要停车避让行人。
○对　　○错

【参考答案】对

88．图示小轿车不能在这个位置停车。
○对　　○错

【参考答案】对

89．驾驶机动车通过漫水路时要加速行驶。
○对　　○错
【参考答案】错

90．在图示路口可以掉头。
○对　　○错

【参考答案】错

91．在图示路口不能掉头。
○对　　○错

【参考答案】错

92．在图示道路上不能掉头。
○对　　○错

【参考答案】对

93．机动车上路行驶时，前排乘车人可不系安全带。

○对　　○错

【参考答案】错

94．机动车行驶中，车上少年儿童可不使用安全带。

○对　　○错

【参考答案】错

95．图示停在路边的机动车没有违法行为。

○对　　○错

【参考答案】错

96．驾驶机动车在铁路道口、桥梁、陡坡、隧道或者容易发生危险的路段不能掉头。

○对　　○错

【参考答案】对

97．在图示道路上，只要在不影响其他车辆通行的前提下可以掉头。

○对　　○错

【参考答案】对

98．驾驶机动车在上道路行驶前驾驶人要按规定系好安全带。

○对　　○错

【参考答案】对

99．机动车在道路上发生故障难以移动时要在车后50m以内设置警告标志。

○对　　○错

【参考答案】错

100．驾驶人有使用其他车辆保险标志嫌疑的，交通警察可依法扣留车辆。

○对　　○错

【参考答案】对

101．驾驶人驾驶有达到报废标准嫌疑机动车上路的，交通警察依法予以拘留。

○对　　○错

【参考答案】错

102．发生交通事故造成人员受伤时，要保护现场并立即报警。

○对　　○错

【参考答案】对

103．道路交通事故中，驾驶人有饮酒、醉酒嫌疑时，要保护现场并立即报警。

○对　　○错

【参考答案】对

104．道路交通事故中，机动车无号牌、检验合格标志、保险标志时，要保护现场并立即报警。

○对　　○错

【参考答案】对

105．驾驶人在一个记分周期内累积记分达到12分的，交通警察依法扣留驾驶证。

○对　　○错

【参考答案】对

106．驾驶机动车碰撞建筑物、公共设施后可即行撤离现场。

○对　　○错

【参考答案】错

107．驾驶机动车发生财产损失交通事故后，当事人对事实及成因无争议移动车辆时需要对现场拍照或者标划停车位置。

○对　　○错

【参考答案】对

108．在图示情况下可以加速超车。

○对　　○错
【参考答案】错

109．驾驶人因服兵役、出国（境）等原因延期审验期间不得驾驶机动车。
○对　　○错
【参考答案】对

110．大型客车、牵引车、城市公交车、中型客车、大型货车驾驶人应当每两年提交一次身体条件证明。
○对　　○错
【参考答案】错

111．初次申领驾驶证的驾驶人在实习期内可以单独驾驶机动车上高速公路行驶。
○对　　○错
【参考答案】错

112．驾驶人在实习期内驾驶机动车时，应当在车身后部粘贴或者悬挂统一式样的实习标志。
○对　　○错
【参考答案】对

113．机动车驾驶人在实习期内有记满12分记录的，注销其实习的准驾车型驾驶资格。
○对　　○错
【参考答案】对

114．在道路上遇到图示情况可以从两侧超车。
○对　　○错

【参考答案】错

115．驾驶人记分没有达到满分，有罚款尚未缴纳的，记分转入下一记分周期。
○对　　○错
【参考答案】对

116．小型汽车驾驶人发生交通事故造成人员死亡，承担同等以上责任未被吊销驾驶证的，应当在记分周期结束后30日内接受审验。
○对　　○错
【参考答案】对

117．饮酒后驾驶机动车的一次记12分。
○对　　○错
【参考答案】对

118．使用伪造、变造的驾驶证一次记12分。
○对　　○错
【参考答案】对

119．伪造、变造或者使用伪造、变造驾驶证的驾驶人构成犯罪的，将依法追究刑事责任。
○对　　○错
【参考答案】对

120．造成交通事故后逃逸，尚不构成犯罪的一次记12分。
○对　　○错
【参考答案】对

121．使用其他机动车号牌、行驶证的一次记3分。
○对　　○错
【参考答案】错

122．驾驶机动车在高速公路上倒车、逆行、穿越中央分隔带掉头的一次记6分。
○对　　○错
【参考答案】错

123．违反交通信号灯通行的一次记6分。
○对　　○错
【参考答案】对

124．车速超过规定时速50%以上的一次记12分。
○对　　○错
【参考答案】对

125．驾驶机动车不按照规定避让校车的，一次记6分。
○对　　○错
【参考答案】对

126．机动车达到国家规定的强制报废标准的不能办理注册登记。
○对　　○错
【参考答案】对

127．机动车行驶证灭失、丢失，机动车所有人要向登记地车辆管理所申请补领、换领。
○对　　○错
【参考答案】对

128．车速超过规定时速达到50%的一次记3分。
○对　　○错
【参考答案】错

129．驾驶机动车在高速公路违法占用应急车道行驶的一次记6分。

○对　○错

【参考答案】对

130．驾驶机动车要选择绿色箭头灯亮的车道行驶。

○对　○错

【参考答案】对

131．路口黄灯持续闪烁，警示驾驶人要注意瞭望，确认安全通过。

○对　○错

【参考答案】对

132．黄灯持续闪烁，表示机动车可以加速通过。

○对　○错

【参考答案】错

133．路中心黄色虚线的含义是分隔对向交通流，在保证安全的前提下，可越线超车或转弯。

○对　○错

【参考答案】对

134．机动车号牌损毁，机动车所有人要向登记地车辆管理所申请补领、换领。

○对　○错

【参考答案】对

135．图示红色轿车可以在该车道行驶。

○对　○错

【参考答案】错

136．图示地面标记的含义是预告前方设有交叉路口。

○对　○错

【参考答案】错

137．路中心的双黄实线作用是分隔对向交通流，在保证安全的前提下，可越线超车或转弯。

○对　○错

【参考答案】错

138．在泥泞路上制动时，车轮易发生侧滑或甩尾，导致交通事故。

○对　○错

【参考答案】对

139．漫水道路行车时，应挂高速挡，快速通过。

○对　○错

【参考答案】错

140．夜间行车，驾驶人视距变短，影响观察，同时注意力高度集中，易产生疲劳。

○对　○错

【参考答案】对

141．冰雪道路行车，由于积雪对光线的反射，极易造成驾驶人目眩而产生错觉。

○对　○错

【参考答案】对

142．在冰雪道路上行车时，车辆的稳定性降低，加速过急时车轮极易空转或溜滑。

○对　○错

【参考答案】对

143．行车中突遇对向车辆强行超车，占据自己车道时，可不予避让，迫使对方让路。

○对　○错

【参考答案】错

144．在道路上超车时，应尽量加大横向距离，必要时可越实线超车。

○对　　○错
【参考答案】错

145．在道路上跟车行驶时，跟车距离不是主要的，只须保持与前车相等的车速，即可防止发生追尾事故。
○对　　○错
【参考答案】错

146．谨慎驾驶的三原则是集中注意力、仔细观察和提前预防。
○对　　○错
【参考答案】对

147．一个合格的驾驶人，不仅表现在技术的娴熟上，更重要的是应该具有良好的驾驶行为习惯和道德修养。
○对　　○错
【参考答案】对

148．驾驶机动车在道路上行驶时，应当按照规定的车速安全行驶。
○对　　○错
【参考答案】对

149．驾驶人一边驾车，一边打手持电话是违法行为。
○对　　○错
【参考答案】对

150．遇到路口情况复杂时，应做到"宁停三分，不抢一秒"。
○对　　○错
【参考答案】对

151．行车中要文明驾驶，礼让行车，做到不开英雄车、冒险车、赌气车和带病车。
○对　　○错
【参考答案】对

152．驾驶人在观察后方无来车的情况下，未开转向灯就变更车道也是合理的。
○对　　○错
【参考答案】错

153．女驾驶人穿高跟鞋驾驶车辆，不利于安全行车。
○对　　○错
【参考答案】对

154．在狭窄的路段会车时，应做到礼让三先：先慢、先让、先停。
○对　　○错

【参考答案】对

155．驾驶机动车变更车道时，应提前开启转向灯，注意观察，保持安全距离，驶入要变更的车道。
○对　　○错
【参考答案】对

156．驾驶机动车向右变更车道时，应提前开启右转向灯，注意观察，在确保安全的情况下，驶入要变更的车道。
○对　　○错
【参考答案】对

157．驾驶机动车时，长时间左臂搭在车门窗上，或者长时间右手抓住变速器操纵杆，是一种驾驶陋习。
○对　　○错
【参考答案】对

158．驾驶人一边驾车，一边吸烟对安全行车无影响。
○对　　○错
【参考答案】错

159．变更车道时只需开启转向灯，便可迅速转向驶入相应的行车道。
○对　　○错
【参考答案】错

160．驾驶机动车汇入车流时，应提前开启转向灯，保持直线行驶，通过后视镜观察左右情况，确认安全后汇入合流。
○对　　○错
【参考答案】对

161．车辆起步前，驾驶人应对车辆周围交通情况进行观察，确认安全时再开始起步。
○对　　○错
【参考答案】对

162．车辆在路边起步后应尽快提速，并向左迅速转向驶入正常行驶道路。
○对　　○错
【参考答案】错

163．在后方无来车的情况下，在隧道中倒车应靠边行驶。
○对　　○错
【参考答案】错

164．变更车道时，应开启转向灯，迅速驶入侧方车道。

○对　　○错

【参考答案】错

165．行车中从其他道路汇入车流前，应注意观察侧后方车辆的动态。

○对　　○错

【参考答案】对

166．驾驶机动车通过人行横道时，应注意礼让行人。

○对　　○错

【参考答案】对

167．在图示情况下只要后方、对向无来车，可以掉头。

○对　　○错

【参考答案】错

168．预计在超车过程中与对面来车有会车可能时，应提前加速超越。

○对　　○错

【参考答案】错

169．通过隧道时，不得超车。

○对　　○错

【参考答案】对

170．通过铁路道口时，不得超车。

○对　　○错

【参考答案】对

171．在图示情况下只要后方、对向无来车，可以掉头。

○对　　○错

【参考答案】对

172．倒车过程中要缓慢行驶，注意观察车辆两侧和后方的情况，随时做好停车准备。

○对　　○错

【参考答案】对

173．通过急转弯路段时，在车辆较少的情况下可以超车。

○对　　○错

【参考答案】错

174．设有安全带装置的车辆，应要求车内乘员系安全带。

○对　　○错

【参考答案】对

175．行车中前方遇自行车影响通行时，可鸣喇叭提示，加速绕行。

○对　　○错

【参考答案】错

176．机动车在环形路口内行驶，遇有其他车辆强行驶入时，只要有优先权就可以不避让。

○对　　○错

【参考答案】错

177．车辆行至交叉路口时，左转弯车辆在任何时段都可以进入左弯待转区。

○对　　○错

【参考答案】错

178．通过窄路、窄桥时，不得超车。

○对　　○错

【参考答案】对

179．车辆转弯时应沿道路右侧行驶，不要侵占对方的车道，做到"左转转大弯，右转转小弯"。

○对　　○错

【参考答案】对

180．驾驶机动车进入交叉路口前，应降低行驶速度，注意观察，确认安全。

○对　　○错

【参考答案】对

181．车辆行至急转弯处时，应减速并靠右侧行驶，防止与越过弯道中心线的对方车辆相撞。

○对　　○错

【参考答案】对

182．车辆长时间停放时，应选择停车场停车。

○对　　○错

【参考答案】对

183．车辆不得在高速公路匝道上掉头。

○对　　○错

【参考答案】对

184．车辆不得在高速公路匝道上倒车。
○对　　○错
【参考答案】对

185．车辆通过学校和小区应注意观察标志标线，低速行驶，不要鸣喇叭。
○对　　○错
【参考答案】对

186．车辆驶入匝道后，迅速将车速提高到每小时60km以上。
○对　　○错
【参考答案】错

187．车辆在高速公路匝道上可以停车。
○对　　○错
【参考答案】错

188．车辆在高速公路匝道提速到每小时60km以上时，可直接驶入行车道。
○对　　○错
【参考答案】错

189．车辆在高速公路以每小时100km的速度行驶时，距同车道前车100m以上为安全距离。
○对　　○错
【参考答案】对

190．车辆在高速公路上行车，可以频繁地变更车道。
○对　　○错
【参考答案】错

191．车辆驶离高速公路时，应当经减速车道减速后进入匝道。
○对　　○错
【参考答案】对

192．车辆应靠高速公路右侧的路肩上行驶。
○对　　○错
【参考答案】错

193．在高速公路变更车道时，应提前开启转向灯，观察情况，确认安全后，驶入需要变更的车道。
○对　　○错
【参考答案】对

194．机动车在高速公路上遇前方交通受阻时，应当跟随前车顺序排队，并立即开启危险报警闪光灯，防止追尾。
○对　　○错
【参考答案】对

195．在高速公路上遇分流交通管制时，可不驶出高速公路，就地靠边停靠等待管制结束后继续前行。
○对　　○错
【参考答案】错

196．小型客车行驶在平坦的高速公路上，突然有颠簸感觉时，应迅速降低车速，防止爆胎。
○对　　○错
【参考答案】对

197．在高速公路上行驶感觉疲劳时，应立即停车休息。
○对　　○错
【参考答案】错

198．《中华人民共和国道路交通安全法实施条例》规定，高速公路上最高时速不得超过120km。因此在高速公路上行驶只要时速不超过120km就不违法。
○对　　○错
【参考答案】错

199．高速公路因发生事故造成堵塞时，可在右侧紧急停车带或路肩行驶。
○对　　○错
【参考答案】错

200．行驶在高速公路上遇大雾视线受阻时，应当立即紧急制动停车。
○对　　○错
【参考答案】错

201．车辆在高速公路行驶时，可以仅凭感觉确认车速。
○对　　○错
【参考答案】错

202．车辆上坡行驶，要提前观察路况、坡道长度，及时减挡使车辆保持充足的动力。
○对　　○错
【参考答案】对

203．车辆下长坡时要减挡行驶，以充分利用发动机的制动作用。
○对　　○错
【参考答案】对

204．车辆在通过山区道路弯道时，要做到"减速、鸣喇叭、靠右行"。
○对　　○错
【参考答案】对

205. 车辆下坡行驶，要适当控制车速，充分利用发动机进行制动。
○对　　○错
【参考答案】对

206. 车辆在山区道路行车下陡坡时，不得超车。
○对　　○错
【参考答案】对

207. 通过山区危险路段，尤其是通过经常发生塌方、泥石流的山区地段，应谨慎驾驶，避免停车。
○对　　○错
【参考答案】对

208. 通过经常发生塌方、泥石流的山区地段，避免停车。
○对　　○错
【参考答案】对

209. 立交桥上一般都是单向行驶，车辆不必减速行驶。
○对　　○错
【参考答案】错

210. 夜间行车，驾驶人的视野受限，很难观察到灯光照射区域以外的交通情况，因此要减速行驶。
○对　　○错
【参考答案】对

211. 车辆在下坡行驶时，可充分利用空挡滑行。
○对　　○错
【参考答案】错

212. 车辆进入山区道路后，要特别注意"连续转弯"标志，并主动避让车辆及行人，适时减速和提前鸣喇叭。
○对　　○错
【参考答案】对

213. 车辆在山区上坡路驾驶，减挡要及时、准确、迅速，避免拖挡行驶导致发动机动力不足。
○对　　○错
【参考答案】对

214. 夜间驾驶人对事物的观察能力明显比白天差，视距变短。
○对　　○错
【参考答案】对

215. 夜间会车时，若对方车辆不关闭远光灯，可变换灯光提示对向车辆，同时减速靠右侧行驶或停车。
○对　　○错
【参考答案】对

216. 夜间通过没有路灯或路灯照明不良时，应将近光灯转换为远光灯，但同向行驶的后车不得使用远光灯。
○对　　○错
【参考答案】对

217. 夜间起步前，应当先开启近光灯。
○对　　○错
【参考答案】对

218. 夜间行车，遇对面来车未关闭远光灯时，应减速行驶，以防两车灯光的交汇处有行人通过时发生事故。
○对　　○错
【参考答案】对

219. 风、雨、雪、雾等复杂气象条件，遇前车速度较低时，应开启前照灯，连续鸣喇叭迅速超越。
○对　　○错
【参考答案】错

220. 雨天路面湿滑，车辆制动距离增大，行车中尽量使用紧急制动减速。
○对　　○错
【参考答案】错

221. 浓雾天气能见度低，开启远光灯会提高能见度。
○对　　○错
【参考答案】错

222. 夜间通过无交通信号灯控制的交叉路口时，不得变换远、近光灯。
○对　　○错
【参考答案】错

223. 夜间行车，要尽量避免超车，确需超车时，可变换远、近光灯向前车示意。
○对　　○错
【参考答案】对

224. 夜间尾随前车行驶时，后车可以使用远光灯。
○对　　○错

【参考答案】错

225．连续降雨天气，山区公路可能会出现路肩疏松和堤坡坍塌现象，行车时应选择道路中间坚实的路面，避免靠近路边行驶。

○对　　○错

【参考答案】对

226．车辆在冰雪路面紧急制动易产生侧滑，应低速行驶，可利用发动机制动进行减速。

○对　　○错

【参考答案】对

227．车辆行至泥泞或翻浆路段时，应停车观察，选择平整、坚实的路段缓慢通过。

○对　　○错

【参考答案】对

228．在大雨天行车，为避免发生"水滑"而造成危险，要控制速度行驶。

○对　　○错

【参考答案】对

229．驾驶人发现轮胎漏气，将车辆驶离主车道时，不要采用紧急制动，以免造成翻车或后车采取制动不及时导致追尾事故。

○对　　○错

【参考答案】对

230．车辆后轮胎爆裂，车尾会摇摆不定，驾驶人应双手紧握转向盘，控制车辆保持直线行驶，减速停车。

○对　　○错

【参考答案】对

231．雾天行车多使用喇叭可引起对方注意；听到对方车辆鸣喇叭，也应鸣喇叭回应。

○对　　○错

【参考答案】对

232．在冰雪路面上行车，必须降低车速、加大安全距离。

○对　　○错

【参考答案】对

233．雪天行车中，在有车辙的路段应循车辙行驶。

○对　　○错

【参考答案】对

234．行车中当驾驶人意识到爆胎时，应在控制住方向的情况下，轻踏制动踏板，使车辆缓慢减速，逐渐平稳地停靠于路边。

○对　　○错

【参考答案】对

235．行车中当车辆突然爆胎时，驾驶人切忌慌乱中急踏制动踏板，尽量采用"抢挡"的方法，利用发动机制动使车辆减速。

○对　　○错

【参考答案】对

236．行车中当车辆前轮爆胎已发生转向时，驾驶人应双手紧握转向盘，尽力控制车辆直线行驶。

○对　　○错

【参考答案】对

237．行车中当驾驶人意识到车辆爆胎时，应在控制住方向的情况下采取紧急制动，迫使车辆迅速停住。

○对　　○错

【参考答案】错

238．车辆前轮胎爆裂，危险较大，会立刻向爆胎车轮一侧跑偏，直接影响驾驶人对转向盘的控制。

○对　　○错

【参考答案】对

239．车辆发生爆胎后，驾驶人在尚未控制住车速前，不要冒险使用行车制动器停车，以避免车辆横甩发生更大的险情。

○对　　○错

【参考答案】对

240．图示仪表显示当前车速是20km/h。

○对　　○错

【参考答案】错

241．图示仪表显示油箱内存油量已在警告线以内。

○对　　○错

【参考答案】对

242．机动车仪表板上图示指示灯亮表示发动机可能机油量不足。

○对　　○错

【参考答案】对

243．图示仪表显示当前发动机转速是6000r/min。

○对　　○错

【参考答案】错

244．图示仪表显示当前冷却液的温度是90℃。

○对　　○错

【参考答案】对

245．机动车仪表板上图示指示灯亮表示发动机可能机油压力过高。

○对　　○错

【参考答案】错

246．机动车仪表板上图示指示灯亮，表示驻车制动器操纵杆可能没松到底。

○对　　○错

【参考答案】错

247．机动车仪表板上图示指示灯亮时，防抱死制动系统处于打开状态。

○对　　○错

【参考答案】错

248．机动车仪表板上图示指示灯亮时，表示驻车制动器处于制动状态。

○对　　○错

【参考答案】对

249．机动车仪表板上图示指示灯亮，表示行车制动系统可能出现故障。

○对　　○错

【参考答案】对

250．机动车仪表板上图示指示灯亮时，不影响正常行驶。

○对　　○错

【参考答案】错

251．机动车仪表板上图示指示灯亮时，提醒发动机需要补充机油。

○对　　○错

【参考答案】错

252．开启前照灯近光时仪表板上图示指示灯亮起。

○对　○错

【参考答案】错

253. 机动车仪表板上图示指示灯亮时，提醒驾驶人座椅没调整好。

○对　○错

【参考答案】错

254. 机动车仪表板上图示指示灯亮时，提醒驾驶人安全带插头未插入锁扣。

○对　○错

【参考答案】对

255. 机动车发生故障时，图示指示灯闪烁。

○对　○错

【参考答案】错

256. 机动车仪表板上图示指示灯亮时，提醒发动机冷却液可能不足。

○对　○错

【参考答案】对

257. 机动车仪表板上图示指示灯亮时，提醒发动机需要加注机油。

○对　○错

【参考答案】错

258. 开启前照灯远光时，仪表板上图示指示灯亮起。

○对　○错

【参考答案】错

259. 开启危险报警闪光灯时，图示指示灯闪烁。

○对　○错

【参考答案】对

260. 打开左转向灯开关，图示指示灯亮起。

○对　○错

【参考答案】错

261. 打开右转向灯开关，图示指示灯亮起。

○对　○错

【参考答案】错

262. 当行人出现交通安全违法行为时，车辆可以不给行人让行。

○对　　○错
【参考答案】错

263．车辆在交叉路口绿灯亮后，遇非机动车抢道行驶时，可以不让行。
○对　　○错
【参考答案】错

264．掉头过程中，应严格控制车速，仔细观察道路前后方情况，确认安全后方可前进或倒车。
○对　　○错
【参考答案】对

265．行车中遇残疾人影响通行时，应主动减速礼让。
○对　　○错
【参考答案】对

266．机动车仪表板上图示指示灯亮，提示发电机向蓄电池充电。
○对　　○错 
【参考答案】错

267．机动车通过铁道路口时，应用低速挡安全通过，中途不得换挡，以避免发动机熄火。
○对　　○错
【参考答案】对

268．行车中，发现行人突然横过道路时，应迅速减速避让。
○对　　○错
【参考答案】对

269．机动车仪表板上图示指示灯亮，提示两侧车门未关闭。
○对　　○错 
【参考答案】对

270．将转向灯开关向下拉，右转向灯亮。
○对　　○错 
【参考答案】错

271．灯光开关旋转到图示位置时，全车灯光点亮。
○对　　○错 
【参考答案】错

272．机动车仪表板上图示指示灯亮，表示启用地板及前风窗玻璃吹风。
○对　　○错 
【参考答案】对

273．将转向灯开关向上提，左转向灯亮。
○对　　○错 
【参考答案】错

274．灯光开关在图示位置时，前雾灯点亮。
○对　　○错 
【参考答案】对

275．灯光开关在图示位置时，后雾灯点亮。
○对　　○错

【参考答案】对

276．上下扳动图示开关，前风窗玻璃刮水器开始工作。

○对　　○错

【参考答案】对

277．安全头枕用于在发生追尾事故时保护驾驶人的头部不受伤害。

○对　　○错

【参考答案】错

278．机动车发生正面碰撞时，安全气囊加上安全带的双重保护才能充分发挥作用。

○对　　○错

【参考答案】对

279．按下图示开关，后风窗玻璃除霜器开始工作。

○对　　○错

【参考答案】错

280．机动车在发生碰撞时，安全带可以减轻驾乘人员伤害。

○对　　○错

【参考答案】对

281．机动车紧急制动时，ABS系统在提供最大制动力的同时能使车前轮保持转向能力。

○对　　○错

【参考答案】对

282．装有ABS系统的机动车在冰雪路面上会最大限度缩短制动距离。

○对　　○错

【参考答案】错

283．夜间行车，需要超车时，变换远近光灯示意是为了提示前车。

○对　　○错

【参考答案】对

284．雾天行车为了提高能见度，应该开启远光灯。

○对　　○错

【参考答案】错

285．在图示雾天情况下，通过交叉路口时必须开灯、鸣喇叭，加速通过，以免造成交通拥堵。

○对　　○错

【参考答案】错

286．机动车、非机动车和行人实行分道行驶，是为了规范交通秩序，提高通行效率。

○对　　○错

【参考答案】对

287．其他车辆不准进入专用车道行驶，其目的是为了不影响专用车的正常通行。

○对　　○错

【参考答案】对

288．专用车道规定的专用使用时间之外，其他车辆可以进入专用车道行驶。

○对　　○错

【参考答案】对

289．驾驶机动车在没有道路中心线的道路上行驶，应该在道路的左侧通行。

○对　　○错

【参考答案】错

290．驾驶有ABS系统的机动车在紧急制动的同时转向可能会发生侧滑。

○对　　○错

【参考答案】对

291．安装防抱死制动系统（ABS）的机动车紧急制动时，可用力踏制动踏板。

○对　　○错

【参考答案】对

292．安装防抱死制动装置（ABS）的机动车制动时，制动距离会大大缩短，因此不必保持安全车距。

○对　　○错
【参考答案】错

293. 通过有图示标志的路口时应该减速让行。
○对　　○错

【参考答案】错

294. 图示A车具有优先通行权。
○对　　○错

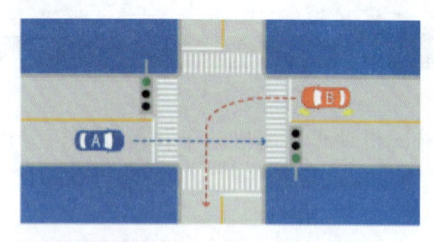

【参考答案】对

295. 图示B车具有优先通行权。
○对　　○错

【参考答案】错

296. 变更车道时只需开启转向灯，并迅速转向驶入相应的车道，以不妨碍同车道机动车正常行驶。
○对　　○错

【参考答案】错

297. A车要在前方掉头行驶，可以在图示处变换车道，进入左侧车道准备掉头。
○对　　○错

【参考答案】错

298. 在图示情况下，A车可以向左变更车道。
○对　　○错

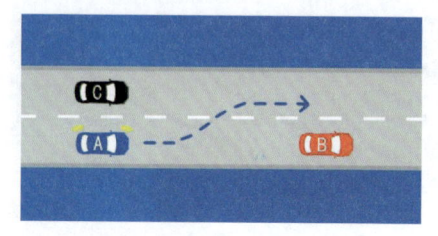

【参考答案】错

299. 图示A车具有优先通行权。
○对　　○错

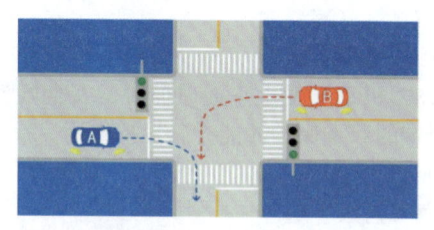

【参考答案】错

300. 驾驶机动车变更车道前应仔细观察，目的是判断有无变更车道的条件。
○对　　○错

【参考答案】对

301. 在行驶过程中，机动车驾驶人要注意与前车保持安全距离。
○对　　○错

【参考答案】对

302. 超车时，如果无法保证与被超车辆的安全间距，应主动放弃超车。
○对　　○错

【参考答案】对

303. 当超越图示右侧车辆时，应该尽快超越，减少并行时间。
○对　　○错

【参考答案】对

304. 遇前方路段车道减少，车辆行驶缓慢,为保证道路通畅,应借对向车道迅速通过。

○对　○错

【参考答案】错

305．当越过图示停在人行横道前的A车时,B车应减速,准备停车让行。

○对　○错

【参考答案】对

306．超车时应从前车的左侧超越,是因为左侧超车便于观察,有利于安全。

○对　○错

【参考答案】对

307．遇后车超车时,在条件许可的情况下应减速靠右让路,是为了给后车留出超车空间。

○对　○错

【参考答案】对

308．在图示情况下遇右侧车辆变更车道,应减速保持间距,注意避让。

○对　○错

【参考答案】对

309．机动车遇行人正在通过人行横道时,要停车让行,是因为行人享有优先通行权。

○对　○错

【参考答案】对

310．驾驶机动车遇到图示情况能够加速通过,是因为人行横道没有行人通过。

○对　○错

【参考答案】错

311．在图示情况下只要后方没有来车,可以倒车。

○对　○错

【参考答案】错

312．驾驶人在机动车驾驶证的6年有效期内,每个记分周期均未达到12分的,换发10年有效期的机动车驾驶证。

○对　○错

【参考答案】对

313．机动车驾驶证有效期分为6年、10年、20年。

○对　○错

【参考答案】错

314．准驾车型为小型汽车的,可以驾驶小型自动挡载客汽车。

○对　○错

【参考答案】对

315．准驾车型为小型自动挡汽车的,可以驾驶低速载货汽车。

○对　○错

【参考答案】错

316．初次申领的机动车驾驶证的有效期为6年。

○对　○错

【参考答案】对

317．初次申领的机动车驾驶证的有效期为4年。

○对　○错

【参考答案】错

318．小型汽车科目二考试内容包括倒车入库、坡道定点停车和起步、侧方停车、曲线行驶、直角转弯。

○对　　○错

【参考答案】对

319．科目三考试分为道路驾驶技能考试和安全文明驾驶常识考试两部分。

○对　　○错

【参考答案】对

320．科目三道路驾驶技能和安全文明驾驶常识考试满分均为100分，成绩分别达到80分和90分的为合格。

○对　　○错

【参考答案】错

321．在图示情况下，驾驶机动车要停车让行。

○对　　○错

【参考答案】对

322．在没有交通信号指示的交叉路口，转弯的机动车让直行的车辆和行人先行。

○对　　○错

【参考答案】对

323．通过漫水路时要谨慎慢行，不得空挡滑行。

○对　　○错

【参考答案】对

324．在图示情况下准备进入环形路口时，为了保证车后车流的通畅，应加速超越红车进入路口。

○对　　○错

325．机动车驾驶证遗失、损毁无法辨认时，机动车驾驶人应当向机动车驾驶证核发地车辆管理所申请补发。

○对　　○错

【参考答案】对

326．申请人因故不能按照预约时间参加考试的，应当提前一日申请取消预约，对申请人未按照预约考试时间参加考试的，判定该次考试不合格。

○对　　○错

【参考答案】对

327．机动车驾驶证遗失、损毁无法辨认时，机动车驾驶人应当向机动车驾驶证核发地车辆管理所申请补发。

○对　　○错

【参考答案】对

328．有吸食、注射毒品后驾驶驾车行为的机动车驾驶人，不会被注销驾驶证。

○对　　○错

【参考答案】错

329．机动车驾驶人正在执行社区戒毒、强制隔离戒毒、社区康复措施的，车辆管理所将注销其驾驶证。

○对　　○错

【参考答案】对

330．机动车登记证书、号牌、行驶证灭失、丢失或者损毁的，机动车所有人应当向居住地车辆管理所申请补领、换领。

○对　　○错

【参考答案】错

331．申请人在考试过程中有贿赂、舞弊行为的，取消考试资格，已经通过考试的其他科目成绩无效。

○对　　○错

【参考答案】对

332．驾驶人违反交通运输管理法规发生重大事故致人死亡的处3年以上有期徒刑。

○对　　○错

【参考答案】错

333．驾驶人违反交通运输管理法规发生重大事故使公私财产遭受重大损失的可能处3年以下徒刑或拘役。

○对　　○错
【参考答案】对

334．驾驶人违反交通运输管理法规发生重大事故后，逃逸或者有其他特别恶劣情节的，处7年以上有期徒刑。
○对　　○错
【参考答案】错

335．驾驶人违反交通运输管理法规发生重大事故后，因逃逸致人死亡的，处3年以上7年以下有期徒刑。
○对　　○错
【参考答案】错

336．驾驶机动车在人行横道上临时停车属于违法行为。
○对　　○错
【参考答案】对

337．驾驶人违反交通运输管理法规发生重大事故致人重伤的可能判处3年以下徒刑或拘役。
○对　　○错
【参考答案】对

338．驾驶人在道路上驾驶机动车追逐竞驶，情节恶劣的处3年以下有期徒刑。
○对　　○错
【参考答案】错

339．驾驶人在道路上醉酒驾驶机动车的处3年以上有期徒刑。
○对　　○错
【参考答案】错

340．道路交通标线分为指示标线、警告标线、禁止标线。
○对　　○错
【参考答案】对

341．驾驶人的机动车驾驶证被依法扣留、暂扣的情况下不得驾驶机动车。
○对　　○错
【参考答案】对

342．记分满12分的驾驶人拒不参加学习和考试的将被公告驾驶证停止使用。
○对　　○错
【参考答案】对

343．交通信号灯由红灯、绿灯和黄灯组成。
○对　　○错
【参考答案】对

344．交通标志和交通标线不属于交通信号。
○对　　○错
【参考答案】错

345．交通信号包括交通信号灯、交通标志、交通标线和交通警察的指挥。
○对　　○错
【参考答案】对

346．驾驶人的驾驶证损毁后不得驾驶机动车。
○对　　○错
【参考答案】对

347．饮酒后只要不影响驾驶操作可以短距离驾驶机动车。
○对　　○错
【参考答案】错

348．服用国家管制的精神药品可以短途驾驶机动车。
○对　　○错
【参考答案】错

349．驾驶人持超过有效期的驾驶证可以在1年内驾驶机动车。
○对　　○错
【参考答案】错

350．驾驶人在驾驶证丢失后3个月内还可以驾驶机动车。
○对　　○错
【参考答案】错

351．驾驶图示机动车上路行驶的做法，是一种轻微的违规行为。
○对　　○错

【参考答案】错

352．不得驾驶具有安全隐患的机动车上道路行驶。
○对　　○错
【参考答案】对

353．驾驶机动车上路前应当检查车辆安全技术性能。

○对　　○错
【参考答案】对

354．驾驶机动车上路行驶应当按规定悬挂号牌。
○对　　○错
【参考答案】对

355．已经达到报废标准的机动车经大修后可以上路行驶。
○对　　○错
【参考答案】错

356．拼装的机动车只要认为安全就可以上路行驶。
○对　　○错
【参考答案】错

357．机动车驾驶人在实习期内驾驶机动车不得牵引挂车。
○对　　○错
【参考答案】对

358．上路行驶的机动车未随车携带身份证的，交通警察可依法扣留机动车。
○对　　○错
【参考答案】错

359．驾驶人要按照驾驶证载明的准驾车型驾驶车辆。
○对　　○错
【参考答案】对

360．驾驶机动车在道路上违反交通安全法规的行为属于违法行为。
○对　　○错
【参考答案】对

361．行车中遇到正在进行作业的道路养护车辆、工程作业车时要注意避让。
○对　　○错
【参考答案】对

362．驾驶机动车找不到停车位时可以借人行道停放。
○对　　○错
【参考答案】错

363．距离交叉路口50m以内的路段不能停车。
○对　　○错
【参考答案】对

364．图示路段可以在非机动车道上临时停车。
○对　　○错

【参考答案】错

365．机动车在道路上发生轻微交通事故且妨碍交通时，不需移动。
○对　　○错
【参考答案】错

366．机动车在夜间道路上发生故障难以移动时要开启危险报警闪光灯、示廓灯、后位灯。
○对　　○错
【参考答案】对

367．行车中遇到执行紧急任务的消防车、救护车、工程救险车时要及时让行。
○对　　○错
【参考答案】对

368．社会车辆距离消防栓或者消防队（站）门前30m以内的路段不能停车。
○对　　○错
【参考答案】对

369．距离桥梁、陡坡、隧道50m以内的路段不能停车。
○对　　○错
【参考答案】对

370．驾驶小型载客汽车在高速公路行驶的最低车速为90km/h。
○对　　○错
【参考答案】错

371．驾驶机动车在高速公路要按照限速标志标明的车速行驶。
○对　　○错
【参考答案】对

372．可以从图示位置直接驶入高速公路行车道。
○对　　○错

【参考答案】错

373．驶离高速公路可以从图示位置直接驶入匝道。

○对　　○错

【参考答案】错

374．距离宽度不足4m的窄路50m以内的路段不能停车。

○对　　○错

【参考答案】对

375．机动车停稳前不能开车门和上下人员。

○对　　○错

【参考答案】对

376．打开机动车车门时，不得妨碍其他车辆和行人通行。

○对　　○错

【参考答案】对

377．图示小型载客汽车进入高速公路行车道的行为是正确的。

○对　　○错

【参考答案】错

378．图示小型载客汽车驶离高速公路行车道的方法是正确的。

○对　　○错

【参考答案】对

379．驾驶人在发生交通事故后因抢救伤员变动现场时要标明位置。

○对　　○错

【参考答案】对

380．在道路上发生交通事故造成人身伤亡时，要立即抢救受伤人员并迅速报警。

○对　　○错

【参考答案】对

381．在图示道路上一定要减少鸣喇叭的频率。

○对　　○错

【参考答案】错

382．机动车在高速公路上发生故障时，在来车方向50~100m处设置警告标志。

○对　　○错

【参考答案】错

383．机动车在高速公路上发生故障时，将车上人员迅速转移到右侧路肩上或者应急车道内，并且迅速报警。

○对　　○错

【参考答案】对

384．机动车在高速公路上发生交通事故无法正常行驶时，用救援车、清障车拖曳、牵引。

○对　　○错

【参考答案】对

385．驾驶机动车在道路上发生交通事故要立即将车移到路边。

○对　　○错

【参考答案】错

386．在车门、车厢没有关好时不要驾驶机动车起步。

○对　　○错

【参考答案】对

387．不要在驾驶室的前后窗范围内悬挂和放置妨碍驾驶人视线的物品。

○对　　○错

【参考答案】对

388．行车中在道路情况良好的条件下可以观看车载视频。
○对　　○错
【参考答案】错

389．驾驶小型汽车下陡坡时允许熄火滑行。
○对　　○错
【参考答案】错

390．驾驶机动车时可以向道路上抛撒物品。
○对　　○错
【参考答案】错

391．驾驶人在机动车驾驶证的6年有效期内，每个记分周期均未达到12分的，换发10年有效期的机动车驾驶证。
○对　　○错
【参考答案】对

392．交通警察对未放置保险标志上道路行驶的车辆可依法扣留行驶证。
○对　　○错
【参考答案】错

393．对使用其他车辆号牌、行驶证的车辆，交通警察可依法予以扣留。
○对　　○错
【参考答案】对

394．对未按照国家规定投保交强险的车辆，交通警察可依法予以扣留。
○对　　○错
【参考答案】对

395．对发生道路交通事故需要收集证据的事故车，交通警察可以依法扣留。
○对　　○错
【参考答案】对

396．对有伪造或变造号牌、行驶证嫌疑的车辆，交通警察可依法予以扣留。
○对　　○错
【参考答案】对

397．对有使用伪造或变造检验合格标志嫌疑的车辆，交通警察只进行罚款处罚。
○对　　○错
【参考答案】错

398．驾驶人有使用其他车辆号牌、行驶证嫌疑的，交通警察可依法扣留车辆。
○对　　○错
【参考答案】对

399．驾驶人将机动车交给驾驶证被吊销的人驾驶的，交通警察依法扣留驾驶证。
○对　　○错
【参考答案】对

400．驾驶人将机动车交给驾驶证被暂扣的人驾驶的，交通警察给予口头警告。
○对　　○错
【参考答案】错

401．驾驶人有使用其他车辆检验合格标志嫌疑的，交通警察可依法扣留车辆。
○对　　○错
【参考答案】对

第2章　科目一　单选题

1．天蓝底纹黑框线的临时行驶车号牌，使用范围是什么？
A．特殊机动车
B．实验用机动车
C．跨行政辖区临时行驶的机动车
D．行政辖区内临时行驶的机动车
【参考答案】D

2．内地居民持有境外机动车驾驶证申请机动车驾驶证的，取得该机动车驾驶证是在核发国家或地区连续居留不足多少时间的，应当考试科目一、科目二和科目三？
A．6个月　　　　B．1年
C．3个月　　　　D．1个月
【参考答案】C

3．初次申领的机动车驾驶证的有效期为多少年？
A．3年　　　　　B．5年
C．6年　　　　　D．12年
【参考答案】C

4．初次申领机动车驾驶证的，可以申请下列哪种准驾车型？
A．中型客车　　　B．大型客车
C．普通三轮摩托车　D．牵引车
【参考答案】C

5．年满20周岁，可以初次申请下列哪种准驾车型？
A．大型货车　　　B．大型客车
C．中型客车　　　D．牵引车
【参考答案】A

6．在驾驶技能准考证明的有效期内，科目二和科目三道路驾驶技能考试预约次数不得超过多少次？
A．3次　　　　　B．4次
C．5次　　　　　D．6次
【参考答案】C

7．准驾车型为小型汽车的，可以驾驶下列哪种车辆？
A．低速载货汽车　B．中型客车
C．三轮摩托车　　D．轮式自行机械
【参考答案】A

8．准驾车型为小型自动挡汽车的，可以驾驶以下哪种车型？
A．低速载货汽车
B．小型汽车
C．二轮摩托车
D．轻型自动挡载货汽车
【参考答案】D

9．驾驶技能准考证明的有效期是多久？
A．1年　　　　　B．2年
C．3年　　　　　D．4年
【参考答案】C

10．机动车登记证书、号牌、行驶证灭失、丢失或者损毁的，机动车所有人应当向哪个部门申请补领、换领？
A．住地交警支队车辆管理所
B．驾驶证核发地车辆管理所
C．登记地车辆管理所
D．当地公安局
【参考答案】C

11．机动车购买后尚未注册登记，需要临时上道路行驶的，可以凭什么临时上道路行驶？
A．合法来源凭证
B．临时行驶车号牌
C．借用的机动车号牌
D．法人单位证明
【参考答案】B

12．驾驶人违反交通运输管理法规发生重大事故使公私财产遭受重大损失，可能会受到什么刑罚？
A．处5年以上徒刑
B．处3年以下徒刑或者拘役
C．处3年以上徒刑
D．处3年以上7年以下徒刑

【参考答案】B

13．驾驶机动车遇有前方交叉路口交通阻塞时怎么办？

　　A．可借对向车道通过

　　B．依次停在路口外等候

　　C．从前车两侧穿插通过

　　D．进入路口内等候

【参考答案】B

14．驾驶机动车遇到前方车辆停车排队等候或缓慢行驶时怎么办？

　　A．可借道超车　　B．占用对面车道

　　C．依次行驶　　　D．穿插等候的车辆

【参考答案】C

15．申请人以欺骗、贿赂等不正当手段取得机动车驾驶证的（被撤销的），申请人在多长时间内不得再次申领机动车驾驶证？

　　A．6个月　　　　B．1年

　　C．2年　　　　　D．3年

【参考答案】D

16．驾驶机动车跨越双实线行驶属于什么行为？

　　A．违章行为　　　B．违法行为

　　C．过失行为　　　D．违规行为

【参考答案】B

17．驾驶人违反交通运输管理法规发生重大事故致人重伤、死亡，可能会受到什么刑罚？

　　A．处3年以下徒刑或者拘役

　　B．处3年以上7年以下徒刑

　　C．处5年以上徒刑

　　D．处7年以上徒刑

【参考答案】A

18．驾驶机动车在车道减少的路口，遇到前方车辆依次停车或缓慢行驶时怎么办？

　　A．从前车右侧路肩进入路口

　　B．从有空隙一侧进入路口

　　C．每车道一辆依次交替驶入路口

　　D．向左变道穿插进入路口

【参考答案】C

19．遇有图示排队等候的情形怎么做？

　　A．从左侧跨越实线超越

　　B．从两侧随意超越

　　C．依次排队等候

　　D．从右侧借道超越

【参考答案】C

20．驾驶机动车通过没有交通信号和管理人员的铁路道口怎样通过？

　　A．适当减速通过

　　B．空挡滑行通过

　　C．停车确认安全后通过

　　D．加速尽快通过

【参考答案】C

21．驾驶机动车通过没有交通信号的交叉路口怎样行驶？

　　A．减速慢行　　　B．加速通过

　　C．大型车先行　　D．左侧车辆先行

【参考答案】A

22．在路口遇到图示情形时怎样做？

　　A．停在网状线区域内等待

　　B．停在路口以外等待

　　C．跟随前车通过路口

　　D．停在路口内等待

【参考答案】B

23．遇到图示前方车辆缓慢行驶时怎样行驶？

　　A．依次排队行驶

　　B．占对向车道超越

　　C．从右侧借道超越

　　D．从两侧随意超越

【参考答案】A

24．在路口遇图示情形怎样通行？

　　A．鸣喇叭告知让行　　B．直接加速转弯

　　C．减速缓慢转弯　　　D．让左方来车先行

【参考答案】D

25．在路口直行时，遇图示情形如何通行？
A．开启危险报警闪光灯通行
B．直接加速直行通过
C．让右方道路车辆先行
D．让左方道路车辆先行

【参考答案】C

26．在图示路口右转弯如何通行？
A．直接向右转弯
B．抢在对面车前右转弯
C．鸣喇叭催促
D．先让对面车左转弯

【参考答案】D

27．在路口右转弯遇同车道前车等候放行信号时如何行驶？
A．依次停车等候
B．鸣喇叭让前车让路
C．从右侧占道转弯
D．从前车左侧转弯

【参考答案】A

28．怎样通过图示的路口？
A．不减速通过　　B．加速尽快通过
C．减速或停车观察　D．紧随前车通过

【参考答案】C

29．如何通过图示的交叉路口？
A．保持速度通过
B．鸣喇叭催促
C．减速慢行
D．加速通过

【参考答案】C

30．夜间驾驶机动车在窄路、窄桥会车怎样使用灯光？
A．关闭所有灯光
B．开启近光灯
C．关闭前照灯
D．开启远光灯

【参考答案】B

31．进入图示路口如何通行？
A．鸣喇叭直接进入路口
B．让已在路口内的车辆先行
C．从路口内车辆前迅速插入
D．开启危险报警闪光灯加速进入

【参考答案】B

32．在图示路口怎样左转弯？
A．靠路口中心点右侧转弯
B．靠路口中心点左侧转弯
C．骑路口中心点转弯
D．不能左转弯

【参考答案】B

33．在图示路口左转弯选择哪条车道？
A．最左侧车道

B．中间车道
C．不用变道
D．最右侧车道

【参考答案】A

34．驾驶机动车在没有中心线的道路上遇相对方向来车时怎样行驶？
　　A．紧靠路边行驶
　　B．靠路中心行驶
　　C．减速靠右行驶
　　D．借非机动车道行驶

【参考答案】C

35．驾驶机动车在夜间超车时怎样使用灯光？
　　A．关闭前照灯
　　B．开启远光灯
　　C．开启雾灯
　　D．变换远、近光灯

【参考答案】D

36．驾驶机动车在下列哪种路段不得超车？
　　A．山区道路
　　B．城市高架路
　　C．城市快速路
　　D．窄桥、弯道

【参考答案】D

37．夜间在道路上会车时，距离对向来车多远将远光灯改用近光灯？
　　A．100m以内　　B．50m以内
　　C．200m以外　　D．150m以外

【参考答案】D

38．驾驶机动车在没有道路中心线的狭窄山路怎样会车？
　　A．不靠山体的一方先行
　　B．靠山体的一方先行
　　C．重车让空车先行
　　D．速度慢的先行

【参考答案】A

39．遇到图示情形怎样行驶？
　　A．停车让对方车辆通过

B．开启左转向灯向左行驶
C．开前照灯告知对方让行
D．加速超越障碍后会车

【参考答案】A

40．驾驶机动车行经下列哪种路段时不得超车？
　　A．高架路　　B．交叉路口
　　C．中心街道　　D．环城高速

【参考答案】B

41．驾驶机动车行经下列哪种路段不得超车？
　　A．主要街道　　B．高架路
　　C．人行横道　　D．环城高速

【参考答案】C

42．同车道行驶的车辆前方遇到下列哪种车辆不得超车？
　　A．大型客车
　　B．超载大型货车
　　C．执行任务的救护车
　　D．小型货车

【参考答案】C

43．驾驶机动车行经市区下列哪种道路时不得超车？
　　A．主要街道
　　B．单向行驶路段
　　C．交通流量大的路段
　　D．单向两条行车道

【参考答案】C

44．同车道行驶的车辆前方遇到下列哪种车辆不得超车？
　　A．执行任务的消防车
　　B．大型客车
　　C．中型客车
　　D．超载大型货车

【参考答案】A

45．同车道行驶的车辆前方遇到下列哪种车辆不得超车？
　　A．城市公交车　　B．大型客车

C．超载大型货车　　D．执行任务的警车
【参考答案】D

46．在没有中心线的道路上发现后车发出超车信号时，如果条件许可如何行驶？
A．保持原状态行驶　　B．加速行驶
C．降速靠右让路　　D．迅速停车让行
【参考答案】C

47．驾驶机动车在下列哪种情形下不能超越前车？
A．前车减速让行
B．前车正在左转弯
C．前车靠边停车
D．前车正在右转弯
【参考答案】B

48．同车道行驶的车辆遇前车有下列哪种情形时不得超车？
A．正在停车　　B．减速让行
C．正在掉头　　D．正常行驶
【参考答案】C

49．在图示情况超车时，从前车的哪一侧超越？
A．左右两侧均可超越
B．从前车的右侧超越
C．从前车的左侧超越
D．从无障碍一侧超越

【参考答案】C

50．图示两辆车发生追尾的主要原因是什么？
A．前车采取制动时没看后视镜
B．前车采取制动过急
C．后车超车时距离前车太近
D．后车未与前车保持安全距离

【参考答案】D

51．驾驶机动车在泥泞道路行驶时，最高车速不能超过多少？
A．15km/h　　B．20km/h
C．40km/h　　D．30km/h
【参考答案】D

52．驾驶机动车通过急弯路时，最高车速不能超过多少？
A．20km/h　　B．30km/h
C．40km/h　　D．50km/h
【参考答案】B

53．驾驶机动车通过铁路道口时，最高车速不能超过多少？
A．15km/h　　B．20km/h
C．30km/h　　D．40km/h
【参考答案】C

54．驾驶机动车在进出非机动车道时，最高车速不能超过多少？
A．40km/h　　B．50km/h
C．60km/h　　D．30km/h
【参考答案】D

55．驾驶机动车在冰雪道路行驶时，最高车速不能超过多少？
A．50km/h　　B．40km/h
C．30km/h　　D．20km/h
【参考答案】C

56．驾驶机动车下陡坡、转弯、掉头时，最高车速不能超过多少？
A．50km/h　　B．60km/h
C．30km/h　　D．40km/h
【参考答案】C

57．驾驶机动车通过窄路、窄桥时，最高车速不能超过多少？
A．50km/h　　B．40km/h
C．30km/h　　D．60km/h
【参考答案】C

58．驾驶机动车遇雾、雨、雪等能见度在50m以内时，最高车速不能超过多少？
A．70km/h　　B．50km/h
C．40km/h　　D．30km/h
【参考答案】D

59．驾驶机动车遇到沙尘、冰雹、雨、雾、结冰等气象条件如何行驶？

A．按平常速度行驶
B．保持匀速行驶
C．适当提高车速
D．降低行驶速度

【参考答案】D

60．在图示城市道路上行驶的最高车速不能超过多少？

A．30km/h　　　B．40km/h
C．50km/h　　　D．70km/h

【参考答案】C

61．在图示公路上行驶的最高车速不能超过多少？

A．70km/h　　　B．50km/h
C．40km/h　　　D．30km/h

【参考答案】C

62．在图示城市道路上行驶的最高车速不能超过多少？

A．40km/h　　　B．30km/h
C．50km/h　　　D．70km/h

【参考答案】B

63．在图示弯道上行驶时的最高车速不能超过多少？

A．40km/h　　　B．30km/h
C．50km/h　　　D．70km/h

【参考答案】B

64．在图示公路上行驶的最高车速不能超过多少？

A．30km/h　　　B．40km/h
C．50km/h　　　D．70km/h

【参考答案】D

65．在图示高速公路上行驶时的最高车速不能超过多少？

A．110km/h　　　B．120km/h
C．90km/小时　　D．100km/h

【参考答案】A

66．在图示路段如何行驶？

A．占对方道路转弯
B．在弯道中心转弯
C．加速鸣喇叭通过
D．减速鸣喇叭示意

【参考答案】D

67．在图示环境下通过路口如何使用灯光？

A．关闭远光灯
B．使用危险报警闪光灯

C．交替使用远近光灯
D．使用远光灯

【参考答案】C

68．驾驶机动车在道路上向左变更车道时如何使用灯光？
A．提前开启右转向灯
B．不用开启转向灯
C．提前开启左转向灯
D．提前开启近光灯

【参考答案】C

69．图示道路红车所在车道是什么车道？
A．快速车道　　B．慢速车道
C．应急车道　　D．专用车道

【参考答案】A

70．遇到图示情况的路口怎样通过？
A．确认安全后通过
B．右转弯加速通过
C．加速直行通过
D．左转弯加速通过

【参考答案】A

71．在图示雨天跟车行驶，如何使用灯光？
A．使用雾灯　　B．不能使用远光灯
C．不能使用近光灯　　D．使用远光灯

【参考答案】B

72．在图示天气条件下行车，如何使用灯光？
A．使用远光灯　　B．使用雾灯
C．不使用灯光　　D．开启右转向灯

【参考答案】B

73．驾驶机动车在道路上靠路边停车过程中如何使用灯光？
A．开启危险报警闪光灯
B．提前开启右转向灯
C．变换使用远近光灯
D．不用指示灯提示

【参考答案】B

74．在图示信号灯的路口允许机动车如何行驶？
A．向右转弯　　B．停车等待
C．向左转弯　　D．直行通过

【参考答案】A

75．驾驶机动车在路口遇到图示情况如何行驶？
A．停车等待
B．遵守交通信号灯
C．靠右侧直行
D．可以向右转弯

【参考答案】A

76．图示前方路口的信号灯亮表示什么意思？
A．路口警示　　B．禁止通行
C．提醒注意　　D．准许通行

【参考答案】D

77. 图示前方路口的信号灯亮表示什么意思？
A. 加速左转　　B. 禁止右转
C. 路口警示　　D. 加速直行

【参考答案】C

78. 道路上划设图示标线的车道允许下列哪类车辆通行？
A. 公交车　　B. 私家车
C. 出租车　　D. 公务用车

【参考答案】A

79. 驾驶机动车在图示道路上如何通行？
A. 在道路中间通行
B. 在道路两边通行
C. 实行分道通行
D. 可随意通行

【参考答案】A

80. 图示前方路口的信号灯亮表示什么意思？
A. 准许通行　　B. 提醒注意
C. 路口警示　　D. 禁止通行

【参考答案】D

81. 道路交通安全违法行为累积记分的周期是多长时间？
A. 12个月　　B. 24个月
C. 3个月　　D. 6个月

【参考答案】A

82. 公安交通管理部门对驾驶人的交通违法行为除依法给予行政处罚外，实行下列哪种制度？
A. 违法登记制度　　B. 奖励里程制度
C. 强制报废制度　　D. 累积记分制度

【参考答案】D

83. 图示在道路上行驶的机动车有下列哪种违法行为？
A. 未按规定悬挂号牌
B. 故意遮挡号牌
C. 占用非机动车道
D. 逆向行驶

【参考答案】B

84. 驾驶人出现下列哪种情况，不得驾驶机动车？
A. 记分达到10分
B. 记分达到6分
C. 驾驶证丢失、损毁
D. 驾驶证接近有效期

【参考答案】C

85. 公安机关交通管理部门对累积记分达到规定分值的驾驶人怎样处理？
A. 处15日以下拘留
B. 终生禁驾
C. 进行法律法规教育，重新考试

D．依法追究刑事责任

【参考答案】C

86．驾驶人在下列哪种情况下不能驾驶机动车？

A．喝咖啡后　　B．喝牛奶后
C．饮酒后　　　D．喝茶后

【参考答案】C

87．对驾驶已达到报废标准的机动车上路行驶的驾驶人，会受到下列哪种处罚？

A．处20元以上200元以下罚款
B．追究刑事责任
C．处15日以下拘留
D．吊销机动车驾驶证

【参考答案】D

88．驾驶报废机动车上路行驶的驾驶人，除按规定罚款外，还要受到哪种处理？

A．收缴驾驶证
B．撤销驾驶许可
C．强制恢复车况
D．吊销驾驶证

【参考答案】D

89．驾驶拼装机动车上路行驶的驾驶人，除按规定接受罚款外，还要受到哪种处理？

A．暂扣驾驶证　　B．吊销驾驶证
C．追究刑事责任　D．处10日以下拘留

【参考答案】B

90．下列哪种标志是驾驶机动车上路行驶应当在车上放置的标志？

A．保持车距标志　B．提醒危险标志
C．检验合格标志　D．产品合格标志

【参考答案】C

91．驾驶图示机动车上路行驶属于什么行为？

A．违章行为　　B．违规行为
C．违法行为　　D．犯罪行为

【参考答案】C

92．下列哪种证件是驾驶机动车上路行驶应当随车携带？

A．机动车保险单
B．机动车行驶证
C．出厂合格证明
D．机动车登记证

【参考答案】B

93．对驾驶拼装机动车上路行驶的驾驶人，会受到下列哪种处罚？

A．依法追究刑事责任
B．处200元以上2000元以下罚款
C．吊销机动车行驶证
D．处15日以下拘留

【参考答案】B

94．以欺骗、贿赂等不正当手段取得驾驶证被依法撤销驾驶许可的，多长时间不得重新申请驾驶许可？

A．3年内
B．终身
C．1年内
D．5年内

【参考答案】A

95．机动车驾驶人违法驾驶造成重大交通事故构成犯罪的，依法追究什么责任？

A．刑事责任
B．民事责任
C．直接责任
D．经济责任

【参考答案】A

96．驾驶机动车在道路上违反道路交通安全法的行为，属于什么行为？

A．过失行为
B．违规行为
C．违章行为
D．违法行为

【参考答案】D

97．未取得驾驶证的学员在道路上学习驾驶技能，下列哪种做法是正确的？

A．使用所学车型的教练车由教练员随车指导
B．使用所学车型的教练车单独驾驶学习
C．使用所学车型的教练车由非教练员的驾驶人随车指导
D．使用私家车由教练员随车指导

【参考答案】A

98．驾驶机动车应当随身携带哪种证件？

A．职业资格证　　B．身份证
C．驾驶证　　　　D．工作证

【参考答案】C

99．机动车驾驶人造成事故后逃逸构成犯罪的，吊销驾驶证且多长时间不得重新取得驾驶证？

A．5年内　　　　B．10年内
C．20年内　　　 D．终生

【参考答案】D

100．液化石油气罐车在运输途中发生大量泄漏时，下列措施错误的是什么？

A．切断一切电源
B．戴好防护面具和手套
C．关闭阀门制止渗漏
D．组织人员向下风方向疏散

【参考答案】D

101．机动车驾驶人违法驾驶造成重大交通事故构成犯罪的，依法追究什么责任？

A．刑事责任　　B．民事责任
C．经济责任　　D．直接责任

【参考答案】A

102．未取得驾驶证的学员在道路上学习驾驶技能，下列哪种做法是正确的？

A．使用所学车型的教练车由教练员随车指导
B．使用所学车型的教练车单独驾驶学习
C．使用私家车由教练员随车指导
D．使用所学车型的教练车由非教练员的驾驶人随车指导

【参考答案】A

103．机动车驾驶人初次申领驾驶证后的实习期是多长时间？

A．6个月　　　B．12个月
C．16个月　　 D．18个月

【参考答案】B

104．在实习期内驾驶机动车的，应当在车身后部粘贴或者悬挂哪种标志？

A．注意新手标志
B．注意避让标志
C．统一式样的实习标志
D．注意车距标志

【参考答案】C

105．以欺骗、贿赂等不正当手段取得驾驶证被依法撤销驾驶许可的，多长时间不得重新申请驾驶许可？

A．3年内　　　B．终身
C．1年内　　　D．5年内

【参考答案】A

106．驾驶拼装机动车上路行驶的驾驶人，除按规定接受罚款外，还要受到哪种处理？

A．处10日以下拘留
B．暂扣驾驶证
C．吊销驾驶证
D．追究刑事责任

【参考答案】C

107．机动车驾驶人造成事故后逃逸构成犯罪的，吊销驾驶证且多长时间不得重新取得驾驶证？

A．5年内　　　B．10年内
C．终生　　　 D．20年内

【参考答案】C

108．驾驶机动车应当随身携带哪种证件？

A．工作证　　　B．驾驶证
C．身份证　　　D．职业资格证

【参考答案】B

109．驾驶报废机动车上路行驶的驾驶人，除按规定罚款外，还要受到哪种处理？

A．撤销驾驶许可　B．收缴驾驶证
C．强制恢复车况　D．吊销驾驶证

【参考答案】D

110．下列哪种证件是驾驶机动车上路行驶应当随车携带？

A．机动车登记证　B．机动车保险单
C．机动车行驶证　D．出厂合格证明

【参考答案】C

111．对驾驶已达到报废标准的机动车上路行驶的驾驶人，会受到下列哪种处罚？

A．处15日以下拘留
B．吊销机动车驾驶证
C．处20元以上200元以下罚款
D．追究刑事责任

【参考答案】B

112．对驾驶拼装机动车上路行驶的驾驶人，会受到下列哪种处罚？

A．处15日以下拘留
B．依法追究刑事责任
C．处200元以上2000元以下罚款
D．吊销机动车行驶证

【参考答案】C

113. 公安交通管理部门对驾驶人的交通违法行为除依法给予行政处罚外，实行下列哪种制度？
   A．违法登记制度　　B．奖励里程制度
   C．累积记分制度　　D．强制报废制度
   【参考答案】C

114. 道路交通安全违法行为累积记分的周期是多长时间？
   A．3个月
   B．6个月
   C．12个月
   D．24个月
   【参考答案】C

115. 公安机关交通管理部门对累积记分达到规定分值的驾驶人怎样处理？
   A．依法追究刑事责任
   B．处15日以下拘留
   C．终生禁驾
   D．进行法律法规教育，重新考试
   【参考答案】D

116. 下列哪种标志是驾驶机动车上路行驶应当在车上放置的标志？
   A．产品合格标志
   B．保持车距标志
   C．提醒危险标志
   D．检验合格标志
   【参考答案】D

117. 驾驶人在下列哪种情况下不能驾驶机动车？
   A．饮酒后
   B．喝茶后
   C．喝咖啡后
   D．喝牛奶后
   【参考答案】A

118. 驾驶人出现下列哪种情况，不得驾驶机动车？
   A．驾驶证丢失、损毁
   B．驾驶证接近有效期
   C．记分达到10分
   D．记分达到6分
   【参考答案】A

119. 驾驶人行车中看到注意儿童标志的时候，应怎样做？
   A．加速行驶
   B．绕道行驶
   C．谨慎选择行车速度
   D．保持正常车速行驶
   【参考答案】C

120. 图示标志是何含义？
   A．禁止驶入　　B．禁止通行
   C．减速行驶　　D．限时进入
   【参考答案】B

121. 当驾驶车辆行经两侧有行人且有积水的路面时，应怎样做？
   A．加速通过　　B．正常行驶
   C．减速慢行　　D．连续鸣喇叭
   【参考答案】C

122. 图示标志是何含义？
   A．高速公路终点地名预告
   B．高速公路行驶路线预告
   C．高速公路行驶方向预告
   D．高速公路地点距离预告
   【参考答案】D

123. 当车速为95km/h时，可以在图示哪条车道内行驶？
   A．车道A　　B．车道B
   C．车道C　　D．车道D
   【参考答案】B

124. 图示标志是何含义？
   A．高速公路下一出口预告

B．高速公路右侧出口预告
C．高速公路目的地预告
D．高速公路左侧出口预告

【参考答案】D

125．图中圈内白色虚线是什么标线？
A．小型车转弯线　　B．车道连接线
C．非机动车引导线　D．路口导向线

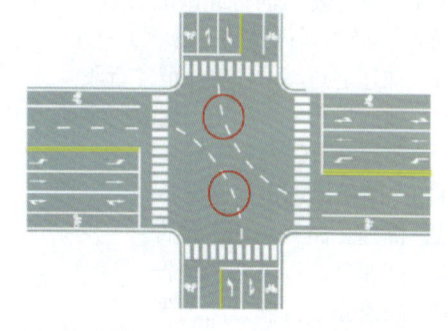

【参考答案】D

126．准驾车型为小型自动挡汽车的，可以驾驶以下哪种车型？
A．低速载货汽车
B．小型汽车
C．二轮摩托车
D．轻型自动挡载货汽车

【参考答案】D

127．交通肇事致一人以上重伤，负事故全部或者主要责任，并具有下列哪种行为的，构成交通肇事罪？
A．未带驾驶证
B．未报警
C．无驾驶资格驾驶机动车辆的
D．未抢救受伤人员

【参考答案】C

128．下列哪个指示灯亮表示车辆在使用远光灯？
A．10a
B．10b
C．10c
D．10d

【参考答案】D

129．高速公路上行车，如果因疏忽驶过出口，应怎样做？
A．在原地倒车驶回
B．继续向前行驶，寻找下一个出口
C．立即停车
D．在原地掉头

【参考答案】B

130．安全头枕在发生追尾事故时，能有效保护驾驶人的什么部位？
A．腰部　　B．胸部
C．颈部　　D．头部

【参考答案】C

131．图示标志是何含义？
A．路面高突　　B．有驼峰桥
C．路面不平　　D．路面低洼

【参考答案】D

132．图示路口允许车辆怎样行驶？
A．向左、向右转弯
B．直行或向左转弯
C．向左转弯
D．直行或向右转弯

【参考答案】D

133．图示仪表是何仪表？
A．电流表　　B．压力表
C．水温表　　D．燃油表

【参考答案】C

134. 上道路行驶的机动车故意遮挡、污损、不按规定安装机动车号牌的一次记几分？

A．12分　　　　B．6分
C．3分　　　　D．2分

【参考答案】A

135. 有下列哪种违法行为的机动车驾驶人将被一次记6分？

A．驾驶与准驾车型不符的机动车
B．饮酒后驾驶机动车
C．驾驶机动车违反道路交通信号灯
D．未取得校车驾驶资格驾驶校车

【参考答案】C

136. 在路口直行时，遇图示情形如何通行？

A．让左方道路车辆先行
B．让右方道路车辆先行
C．直接加速直行通过
D．开启危险报警闪光灯通行

【参考答案】B

137. 在路口遇到图示情形时怎样做？

A．停在网状线区域内等待
B．停在路口以外等待
C．跟随前车通过路口
D．停在路口内等待

【参考答案】B

138. 上道路行驶的机动车有哪种情形交通警察可依法扣留车辆？

A．未携带机动车登记证书
B．未携带保险合同
C．未放置保险标志
D．未放置城市环保标志

【参考答案】C

139. 图示属于哪一种标志？

A．警告标志　　B．指路标志
C．指示标志　　D．禁令标志

【参考答案】A

140. 交通肇事致一人以上重伤，负事故全部或者主要责任，并具有下列哪种行为的，构成交通肇事罪？

A．未带驾驶证
B．酒后、吸食毒品后驾驶机动车辆的
C．未报警
D．未抢救受伤人员

【参考答案】B

141. 图示路面上导向箭头是何含义？

A．指示前方道路是Y形交叉口
B．指示前方道路是分离式道路
C．指示前方道路仅可左右转弯
D．指示前方道路需向左右合流

【参考答案】C

142. 图示路面数字标记是何含义？

A．保持车距标记
B．最小间距标记
C．车速限制标记
D．道路编号标记

【参考答案】C

143．这个标志是何含义？
A．注意行人 B．人行横道
C．注意儿童 D．学校区域

【参考答案】C

144．图示路中黄色分界线的作用是什么？
A．分隔同向行驶的交通流
B．禁止跨越对向行车道
C．允许在左侧车道行驶
D．分隔对向行驶的交通流

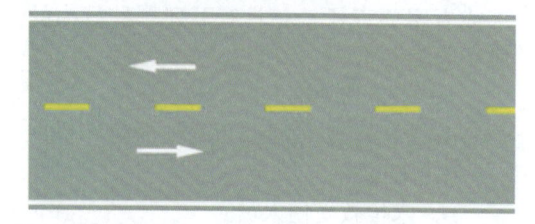

【参考答案】D

145．公安交通管理部门对驾驶人的交通违法行为除依法给予行政处罚外，实行下列哪种制度？
A．违法登记制度
B．奖励里程制度
C．累积记分制度
D．强制报废制度

【参考答案】C

146．驾驶人出现下列哪种情况，不得驾驶机动车？
A．驾驶证丢失、损毁
B．驾驶证接近有效期
C．记分达到10分
D．记分达到6分

【参考答案】A

147．驾驶机动车遇到图示的桥时首先怎样办？
A．保持匀速通过
B．尽快加速通过
C．低速缓慢通过
D．停车察明水情

【参考答案】D

148．道路交通安全违法行为累积记分的周期是多长时间？
A．3个月 B．6个月
C．12个月 D．24个月

【参考答案】C

149．公安机关交通管理部门对累积记分达到规定分值的驾驶人怎样处理？
A．依法追究刑事责任
B．处15日以下拘留
C．终生禁驾
D．进行法律法规教育，重新考试

【参考答案】D

150．在图示的路口怎样进行掉头？
A．在人行横道上掉头
B．进入路口后掉头
C．从右侧车道掉头
D．从中心线虚线处掉头

【参考答案】D

151．遇到图示情况的路口，以下做法正确的是什么？
A．沿左侧车道掉头
B．该路口不能掉头
C．选择中间车道掉头
D．在路口内掉头

【参考答案】B

152．找出这辆故障车有哪种违法行为？
A．没有设置警告标志

B．没有开启危险报警闪光灯

C．没有将车停到路边

D．没有立即排除故障

【参考答案】A

153．图示驾驶人违反法律规定的行为是什么？

A．没按规定握转向盘

B．座椅角度不对

C．没系安全带

D．驾驶姿势不正确

【参考答案】C

154．机动车在道路上发生故障，需要停车排除时，驾驶人应该怎么办？

A．就地停车排除故障

B．开启近光灯或雾灯

C．将车停在不妨碍交通的地方

D．将车停在道路中间

【参考答案】C

155．图示在路边临时停放机动车有什么违法行为？

A．在非机动车道停车

B．停车占用机动车道

C．距离路边超过30cm

D．在有禁停标线路段停车

【参考答案】D

156．机动车在道路上发生故障，难以移动时下列做法正确的是什么？

A．开启危险报警闪光灯

B．开启车上所有灯光

C．禁止车上人员下车

D．在车前方设置警告标志

【参考答案】A

157．在图示情形中前车怎样行驶？

A．正常行驶

B．及时让行

C．开启危险报警闪光灯行驶

D．不得变更车道

【参考答案】B

158．驾驶机动车需要在路边停车时怎样选择停车地点？

A．在人行道上停放

B．在路边随意停放

C．在停车泊位内停放

D．靠左侧路边逆向停放

【参考答案】C

159．图示这样停放机动车有什么违法行为？

A．停车占用人行道

B．在公共汽车站停车

C．在有禁停标志路段停车

D．在非机动车道停车

【参考答案】B

160．在距图示这段路多少米以内的路段不能停放机动车？

A．5m以内

B．10m以内

C．30m以内

D．50m以内

【参考答案】D

161. 图示这样临时停放红色轿车有什么违法行为？

A．距离加油站不到30m

B．停车占用非机动车道

C．距离路边超过30cm

D．在有禁停标线路段停车

【参考答案】A

162. 在图示这段高速公路上行驶的最高车速是多少？

A．120km/h B．100km/h

C．90km/h   D．60km/h

【参考答案】A

163. 在图示这条车道行驶的最低车速是多少？

A．60km/h   B．90km/h

C．100km/h D．110km/h

【参考答案】C

164. 在图示位置时怎样使用灯光？

A．开启左转向灯

B．开启右转向灯

C．开启危险报警闪光灯

D．开启前照灯

【参考答案】A

165. 进入减速车道时怎样使用灯光？

A．开启左转向灯

B．开启右转向灯

C．开启危险报警闪光灯

D．开启前照灯

【参考答案】B

166. 在图示车道行驶的最低车速是多少？

A．60km/h   B．90km/h

C．100km/h D．110km/h

【参考答案】B

167. 在图示车道行驶的最高车速是多少？

A．120km/h B．110km/h

C．100km/h D．90km/h

【参考答案】D

168. 驾驶小型载客汽车在高速公路上时速超过100km时的跟车距离是多少？

A．保持50m以上 B．保持60m以上

C．保持80m以上 D．保持100m以上

【参考答案】D

169. 驾驶机动车在高速公路遇到能见度低

于100m的气象条件时，最高车速是多少？

A．不得超过40km/h

B．不得超过60km/h

C．不得超过80km/h

D．不得超过90km/h

【参考答案】A

170．驾驶机动车在高速公路遇到能见度低于50m的气象条件时，车速不得超过20km/h，还应怎么做？

A．进入应急车道行驶

B．尽快驶离高速公路

C．在路肩低速行驶

D．尽快在路边停车

【参考答案】B

171．驾驶小型载客汽车在高速公路上时速低于100km时的最小跟车距离是多少？

A．不得少于50m

B．不得少于30m

C．不得少于20m

D．不得少于10m

【参考答案】A

172．驾驶机动车在高速公路遇到能见度低于200m的气象条件时，最高车速是多少？

A．不得超过100km/h

B．不得超过90km/h

C．不得超过80km/h

D．不得超过60km/h

【参考答案】D

173．驾驶机动车驶离高速公路时，在图示位置怎样行驶？

A．继续向前行驶

B．驶入减速车道

C．车速保持100km/h

D．车速降到40km/h以下

【参考答案】B

174．机动车检验合格证标志、保险标志正确的携带方式是什么？

A．随车携带

B．粘贴在机动车前窗左上角

C．粘贴在机动车前窗右上角

D．粘贴在机动车前窗右下角

【参考答案】C

175．图示这辆在高速公路上临时停放的故障车，警告标志应该设置在车后多远处？

A．150m以外 B．50～150m

C．50～100m D．50m以内

【参考答案】A

176．在什么情况下不得行车？

A．车窗没关闭 B．车门没关闭

C．音响没关闭 D．顶窗没关闭

【参考答案】B。

177．驾驶机动车下陡坡时不得有哪些危险行为？

A．提前减挡 B．空挡滑行

C．低挡行驶 D．制动减速

【参考答案】B

178．申请人以欺骗、贿赂等不正当手段取得机动车驾驶证的（被撤销的），申请人在多长时间内不得再次申领机动车驾驶证。

A．6个月 B．1年

C．2年 D．3年

【参考答案】D

179．驾驶机动车跨越双实线行驶属于什么行为？

A．违章行为 B．违法行为

C．过失行为 D．违规行为

【参考答案】B

180．图示标志是何含义？

A．提醒车辆驾驶人前方道路沿水库、湖泊、河流

B．提醒车辆驾驶人前方有向上的陡坡路段

C．提醒车辆驾驶人前方有两个及以上的连续上坡路段

D．提醒车辆驾驶人前方有向下的陡坡路段

【参考答案】B

181．驾驶人违反交通运输管理法规发生重大事故致人重伤、死亡，可能会受到什么刑罚？
　　A．处3年以下徒刑或者拘役
　　B．处3年以上7年以下徒刑
　　C．处5年以上徒刑
　　D．处7年以上徒刑
【参考答案】A

182．驾驶人违反交通运输管理法规发生重大事故使公私财产遭受重大损失，可能会受到什么刑罚？
　　A．处5年以上徒刑
　　B．处3年以下徒刑或者拘役
　　C．处3年以上徒刑
　　D．处3年以上7年以下徒刑
【参考答案】B

183．驾驶人违反交通运输管理法规发生重大事故致人死亡且逃逸的，处多少年有期徒刑？
　　A．7年以上　　　　B．3年以下
　　C．3年以上7年以下　D．10年以上
【参考答案】C

184．上道路行驶的机动车有哪种情形交通警察可依法扣留车辆？
　　A．未悬挂机动车号牌
　　B．未携带身份证
　　C．未携带保险合同
　　D．未放置城市环保标志
【参考答案】A

185．上道路行驶的机动车有哪种情形交通警察可依法扣留车辆？
　　A．未携带身份证
　　B．未放置检验合格标志
　　C．未放置城市环保标志
　　D．未携带机动车登记证书
【参考答案】B

186．上道路行驶的机动车有哪种情形交通警察可依法扣留车辆？
　　A．未携带机动车登记证书
　　B．未携带保险合同
　　C．未放置保险标志
　　D．未放置城市环保标志
【参考答案】C

187．驾驶人未携带哪种证件驾驶机动车上路，交通警察可依法扣留车辆？
　　A．机动车驾驶证　B．居民身份证
　　C．从业资格证　　D．机动车通行证
【参考答案】A

188．驾驶人违反交通运输管理法规发生重大事故后，因逃逸致人死亡的，处多少年有期徒刑？
　　A．2年以下　　B．3年以下
　　C．7年以下　　D．7年以上
【参考答案】D

189．驾驶机动车在道路上追逐竞驶，情节恶劣，会受到什么处罚？
　　A．处拘役，并处罚金
　　B．处管制，并处罚金
　　C．处1年以上徒刑
　　D．处6个月徒刑
【参考答案】A

190．醉酒驾驶机动车在道路上行驶会受到什么处罚？
　　A．处2年以下徒刑
　　B．处拘役，并处罚金
　　C．处2年以上徒刑
　　D．处管制，并处罚金
【参考答案】B

191．驾驶人未携带哪种证件驾驶机动车上路，交通警察可依法扣留车辆？
　　A．机动车通行证
　　B．居民身份证
　　C．从业资格证
　　D．机动车行驶证
【参考答案】D

192．3年内有下列哪种行为的人不得申请机动车驾驶证？
　　A．吸烟成瘾　　B．注射毒品
　　C．注射胰岛素　D．酒醉经历
【参考答案】B

193．驾驶人在驾驶证有效期满前多长时间申请换证？
　　A．30日内　　　　B．60日内

C. 90日内　　　D. 6个月内
【参考答案】C

194. 驾驶人户籍迁出原车辆管理所需要向什么地方的车辆管所提出申请？
A. 迁出地　　　B. 居住地
C. 所在地　　　D. 迁入地
【参考答案】D

195. 驾驶证记载的驾驶人信息发生变化的要在多长时间内申请换证？
A. 60日　　　B. 50日
C. 40日　　　D. 30日
【参考答案】D

196. 驾驶人有哪种情形，交通警察可依法扣留机动车驾驶证？
A. 饮酒后驾驶机动车
B. 超过规定速度10%
C. 疲劳后驾驶机动车
D. 行车中未系安全带
【参考答案】A

197. 驾驶人将机动车交由什么样的人驾驶的，交通警察可依法扣留机动车驾驶证？
A. 实习期驾驶人
B. 取得驾驶证的人
C. 驾驶证被吊销的人
D. 驾驶证记分达到6分的人
【参考答案】C

198. 申请小型汽车准驾车型驾驶证的人年龄条件是多少？
A. 18周岁以上60周岁以下
B. 18周岁以上70周岁以下
C. 21周岁以上50周岁以下
D. 24周岁以上70周岁以下
【参考答案】B

199. 持小型汽车驾驶证的驾驶人在下列哪种情况下需要接受审验？
A. 有效期满换发驾驶证时
B. 一个记分周期末
C. 记分周期未满分
D. 记分周期满12分
【参考答案】A

200. 驾驶人有下列哪种违法行为一次记12分？
A. 违反交通信号灯
B. 使用伪造机动车号牌
C. 违反禁令标志指示
D. 拨打、接听手机的
【参考答案】B

201. 驾驶人因服兵役、出国（境）等原因无法办理审验时，延期审验期限最长不超过多长时间？
A. 1年　　　B. 2年
C. 3年　　　D. 5年
【参考答案】C

202. 年龄在60周岁以上的驾驶人多长时间提交一次身体条件证明？
A. 每3年　　　B. 每2年
C. 每1年　　　D. 每6个月
【参考答案】C

203. 机动车驾驶人初次申请机动车驾驶证和增加准驾车型后的多长时间为实习期？
A. 6个月　　　B. 12个月
C. 3个月　　　D. 2年
【参考答案】B

204. 提供虚假材料申领驾驶证的申请人会承担下列哪种法律责任？
A. 处20元以上200元以下罚款
B. 取消申领驾驶证资格
C. 1年内不得再次申领驾驶证
D. 2年内不能再次申领驾驶证
【参考答案】C

205. 驾驶与准驾车型不符的机动车一次记几分？
A. 12分　　　B. 6分
C. 3分　　　D. 2分
【参考答案】A

206. 机动车在高速公路上发生故障或交通事故无法正常行驶时由什么车拖曳或牵引？
A. 过路车　　　B. 大客车
C. 同行车　　　D. 清障车
【参考答案】D

207. 在道路上发生未造成人员伤亡且无争议的轻微交通事故如何处置？
A. 保护好现场再协商
B. 不要移动车辆
C. 疏导其他车辆绕行
D. 撤离现场自行协商
【参考答案】D

208．饮酒后驾驶机动车一次记几分？
A．2分　　　　　B．3分
C．6分　　　　　D．12分
【参考答案】D

209．机动车在高速公路上发生故障时错误的做法是什么？
A．开启危险报警闪光灯
B．按规定设置警告标志
C．车上人员不能下车
D．迅速报警
【参考答案】C

210．驾驶人连续驾驶不得超过多长时间？
A．4h　　　　　B．6h
C．8h　　　　　D．10h
【参考答案】A

211．驾驶人连续驾驶4h以上，停车休息的时间不得少于多少？
A．5min　　　　B．10min
C．15min　　　 D．20min
【参考答案】D

212．造成交通事故后逃逸，尚不构成犯罪的一次记几分？
A．12分　　　　B．6分
C．3分　　　　　D．2分
【参考答案】A

213．上道路行驶的机动车未悬挂机动车号牌的一次记几分？
A．2分　　　　　B．3分
C．6分　　　　　D．12分
【参考答案】D

214．这个标志是何含义？
A．限制高度为3.5m　　B．限制宽度为3.5m
C．解除3.5m限高　　　D．限制车距为3.5m 
【参考答案】A

215．这个标志是何含义？
A．限制40t轴重
B．限制最高车速40km/h
C．前方40m减速
D．最低车速40km/h 
【参考答案】B

216．上道路行驶的机动车故意遮挡、污损、不按规定安装机动车号牌的一次记几分？
A．12分　　　　B．6分
C．3分　　　　　D．2分
【参考答案】A

217．使用伪造、变造的机动车号牌一次记几分？
A．2分　　　　　B．3分
C．6分　　　　　D．12分
【参考答案】D

218．使用伪造、变造的行驶证一次记几分？
A．12分　　　　B．6分
C．3分　　　　　D．2分
【参考答案】A

219．这个标志是何含义？
A．40m减速行驶路段
B．最低车速40km/h
C．解除车速40km/h限制
D．最高车速40km/h 
【参考答案】C

220．这个标志是何含义？
A．边防检查　　　B．禁止通行
C．海关检查　　　D．停车检查 
【参考答案】D

221．这个标志是何含义？
A．T形交叉路口

B. Y形交叉路口
C. 十字交叉路口
D. 环行交叉路口

【参考答案】A

222．这个标志是何含义？
A. 向左急转弯　　B. 向右急转弯
C. 向右绕行　　　D. 连续弯路

【参考答案】B

223．这个标志是何含义？
A. 海关　　　　　B. 国界
C. 边防　　　　　D. 边界

【参考答案】A

224．这个标志是何含义？
A. T形交叉路口
B. Y形交叉路口
C. 十字交叉路口
D. 环行交叉路口

【参考答案】C

225．这个标志是何含义？
A. 向左急转弯　　B. 向右急转弯
C. 向左绕行　　　D. 连续弯路

【参考答案】A

226．这是什么交通标志？
A. 易滑路段　　　B. 急转弯路
C. 反向弯路　　　D. 连续弯路

【参考答案】C

227．在图示路口允许车辆怎样行驶？
A. 向左、向右转弯
B. 直行或向左转弯
C. 向左转弯
D. 直行或向右转弯

【参考答案】D

228．在图示路口允许车辆怎样行驶？
A. 向左转弯
B. 直行
C. 直行或向右转弯
D. 向右转弯

【参考答案】A

229．驾驶机动车遇到图示信号灯不断闪烁时怎样行驶？
A. 尽快加速通过
B. 靠边停车等待
C. 注意瞭望安全通过
D. 紧急制动

【参考答案】C

230. 图示标志是何含义？
A. 连续上坡　　B. 上陡坡
C. 下陡坡　　　D. 连续下坡

【参考答案】D

231. 图示是什么交通标志？
A. 两侧变窄　　B. 右侧变窄
C. 左侧变窄　　D. 桥面变窄

【参考答案】A

232. 图示标志是何含义？
A. 窄路　　　　B. 右侧变窄
C. 左侧变窄　　D. 窄桥

【参考答案】D

233. 图示是什么交通标志？
A. 易滑路段　　B. 急转弯路
C. 反向弯路　　D. 连续弯路

【参考答案】D

234. 图示是什么交通标志？
A. 两侧变窄　　B. 右侧变窄
C. 左侧变窄　　D. 桥面变窄

【参考答案】B

235. 图示是什么交通标志？
A. 两侧变窄　　B. 右侧变窄
C. 左侧变窄　　D. 桥面变窄

【参考答案】C

236. 图示标志是何含义？
A. 堤坝路　　　B. 上陡坡
C. 下陡坡　　　D. 连续上坡

【参考答案】C

237. 图示标志是何含义？
A. 双向交通　　B. 分离式道路
C. 潮汐车道　　D. 减速让行

【参考答案】A

238. 图示标志是何含义？
A. 交叉路口　　B. 注意信号灯
C. 注意行人　　D. 人行横道灯

【参考答案】B

239. 图示标志是何含义？
A. 傍山险路　　B. 悬崖路段
C. 注意落石　　D. 危险路段

【参考答案】C

240. 图示标志是何含义？
A. 急转弯路　　B. 易滑路段
C. 试车路段　　D. 曲线路段

科目一 单选题 第2章

【参考答案】B
241．图示标志是何含义？
A．临崖路　　　B．堤坝路
C．傍山险路　　D．落石路

【参考答案】C
242．图示标志是何含义？
A．过水路面
B．漫水桥
C．渡口
D．船用码头

【参考答案】C
243．图示标志是何含义？
A．不平路面　　B．驼峰桥
C．路面高突　　D．路面低洼

【参考答案】B
244．图示标志是何含义？
A．大型畜牧场　　B．野生动物保护区
C．注意野生动物　D．注意牲畜

【参考答案】D
245．图示标志是何含义？
A．注意野生动物　B．注意牲畜
C．动物公园　　　D．开放的牧区

【参考答案】A

246．图示标志是何含义？
A．堤坝路　　B．临崖路
C．易滑路　　D．傍水路

【参考答案】A
247．图示标志是何含义？
A．注意行人　　B．有人行横道
C．村庄或集镇　D．有小学校

【参考答案】C
248．图示标志是何含义？
A．路面低洼　　B．驼峰桥
C．路面不平　　D．路面高突

【参考答案】C
249．图示标志是何含义？
A．过水路面　　B．渡口
C．泥泞道路　　D．低洼路面

【参考答案】A
250．图示标志是何含义？
A．路面高突　　B．有驼峰桥
C．路面不平　　D．路面低洼

【参考答案】D
251．图示标志是何含义？
A．注意避让火车
B．有人看守铁路道口

49

C. 无人看守铁路道口
D. 多股铁路与道路相交

【参考答案】D

252. 图示标志是何含义？
A. 避让非机动车
B. 非机动车道
C. 禁止非机动车通行
D. 注意非机动车

【参考答案】D

253. 图示标志是何含义？
A. 注意残疾人
B. 残疾人出入口
C. 残疾人休息处
D. 残疾人专用通道

【参考答案】A

254. 图示标志是何含义？
A. 施工路段　　B. 事故易发路段
C. 减速慢行路段　D. 拥堵路段

【参考答案】B

255. 图示标志是何含义？
A. 无人看守铁路道口
B. 有人看守铁路道口
C. 多股铁路与道路相交
D. 立交式的铁路道口

【参考答案】B

256. 图示标志是何含义？
A. 多股铁路与道路相交
B. 有人看守铁路道口
C. 无人看守铁路道口
D. 注意长时鸣喇叭

【参考答案】C

257. 图示标志是何含义？
A. 路面低洼　　B. 驼峰桥
C. 路面不平　　D. 路面高突

【参考答案】D

258. 图示标志是何含义？
A. 施工路段　　B. 车多路段
C. 慢行　　　　D. 拥堵路段

【参考答案】C

259. 图示标志是何含义？
A. 施工路段绕行　B. 双向交通
C. 注意危险　　　D. 左右绕行

【参考答案】D

260. 图示标志是何含义？
A. 左侧绕行　　B. 单向通行
C. 注意危险　　D. 右侧绕行

【参考答案】A

261．图示标志是何含义？

A．单向通行　　B．右侧绕行

C．注意危险　　D．左侧绕行

【参考答案】B

262．图示标志是何含义？

A．事故多发路段

B．减速慢行

C．注意危险

D．拥堵路段

【参考答案】C

263．图示标志是何含义？

A．距无人看守铁路道口50m

B．距有人看守铁路道口50m

C．距无人看守铁路道口100m

D．距有人看守铁路道口100m

【参考答案】A

264．图示标志是何含义？

A．距无人看守铁路道口50m

B．距有人看守铁路道口50m

C．距无人看守铁路道口100m

D．距有人看守铁路道口100m

【参考答案】C

265．图示标志是何含义？

A．距有人看守铁路道口150m

B．距无人看守铁路道口150m

C．距无人看守铁路道口100m

D．距有人看守铁路道口100m

【参考答案】B

266．图示标志是何含义？

A．注意保持车距

B．车距确认路段

C．车速测试路段

D．两侧变窄路段

【参考答案】A

267．图示标志是何含义？

A．注意交互式道路

B．注意分离式道路

C．平面交叉路口

D．环行平面交叉

【参考答案】B

268．图示标志是何含义？

A．建议车速　　B．最低车速

C．最高车速　　D．限制车速

【参考答案】A

269．图示标志是何含义？

A．隧道开远光灯

B．隧道减速
C．隧道开灯
D．隧道开示宽灯

【参考答案】C

270．图示标志是何含义？
A．注意双向行驶　B．靠两侧行驶
C．可变车道　　　D．注意潮汐车道

【参考答案】D

271．图示属于哪一种标志？
A．警告标志　B．禁令标志
C．指示标志　D．指路标志

【参考答案】B

272．图示标志是何含义？
A．Y形交叉口　B．主路让行
C．注意分流　　D．注意合流

【参考答案】D

273．图示标志是何含义？
A．避险车道　B．应急车道
C．路肩　　　D．急弯道

【参考答案】A

274．图示标志是何含义？
A．塌方路段　B．施工路段

C．前方工厂　D．道路堵塞

【参考答案】B

275．禁令标志的作用是什么？
A．禁止或限制行为
B．告知方向信息
C．指示车辆行进
D．警告前方危险

【参考答案】A

276．图示标志是何含义？
A．不准让行　B．会车让行
C．停车让行　D．减速让行

【参考答案】D

277．图示标志是何含义？
A．会车时停车让对方车先行
B．前方是双向通行路段
C．右侧道路禁止车通行
D．会车时停车让右侧车先行

【参考答案】A

278．图示标志是何含义？
A．禁止驶入路口　B．禁止向右转弯
C．禁止车辆掉头　D．禁止变更车道

【参考答案】B

279．图示标志是何含义？
A．禁止驶入　B．禁止通行
C．减速行驶　D．限时进入

【参考答案】B

280．图示标志提示哪种车型禁止通行？
A．中型客车　　B．小型货车
C．各种车辆　　D．小型客车

【参考答案】D

281．图示标志是何含义？
A．禁止向左转弯
B．禁止驶入左车道
C．禁止车辆掉头
D．禁止向左变道

【参考答案】A

282．图示标志是何含义？
A．不准车辆驶入　B．不准长时间停车
C．停车让行　　　D．不准临时停车

【参考答案】C

283．图示标志是何含义？
A．禁止掉头　　B．禁止向右转弯
C．禁止直行　　D．禁止向左转弯

【参考答案】C

284．图示标志是何含义？
A．禁止在路口掉头
B．禁止向左向右变道
C．禁止车辆直行
D．禁止向左向右转弯

【参考答案】D

285．图示标志是何含义？
A．允许长时停车
B．允许临时停车
C．禁止长时停车
D．禁止停放车辆

【参考答案】D

286．图示标志是何含义？
A．允许长时停车
B．禁止临时停车
C．禁止长时停车
D．禁止停放车辆

【参考答案】C

287．图示标志是何含义？
A．禁止直行和向左转弯
B．禁止直行和向左变道
C．允许直行和向左变道
D．禁止直行和向右转弯

【参考答案】A

288．图示标志是何含义？
A．禁止借道   B．禁止变道
C．禁止超车   D．禁止掉头

【参考答案】C

289．图示标志是何含义？
A．解除禁止借道   B．解除禁止变道
C．准许变道行驶   D．解除禁止超车

【参考答案】D

290．图示标志是何含义？
A．禁止直行和向左转弯
B．禁止直行和向左变道
C．允许直行和向左变道
D．禁止直行和向右转弯

【参考答案】D

291．图示属于哪一种标志？
A．警告标志   B．禁令标志
C．指示标志   D．指路标志

【参考答案】C

292．指示标志的作用是什么？
A．限制车辆、行人通行
B．指示车辆、行人行进
C．告知方向信息

D．警告前方危险

【参考答案】B

293．图示标志是何含义？
A．禁止直行   B．禁止掉头
C．禁止变道   D．禁止左转

【参考答案】B

294．图示标志是何含义？
A．禁止长时鸣喇叭   B．断续鸣喇叭
C．禁止鸣喇叭   D．减速鸣喇叭

【参考答案】C

295．图示标志是何含义？
A．直行车道   B．只准直行
C．单行路   D．禁止直行

【参考答案】B

296．图示标志是何含义？
A．直行和向右转弯
B．直行和向左转弯
C．禁止直行和向右转弯
D．只准向左和向右转弯

【参考答案】A

297．图示标志是何含义？
A．直行和向右转弯
B．直行和向左转弯

C．禁止直行和向左转弯
D．只准向右和向左转弯

【参考答案】B

298．图示标志是何含义？
A．直行车道　　B．单行路
C．向左转弯　　D．禁止直行

【参考答案】C

299．图示标志是何含义？
A．直行车道　　B．只准直行
C．单行路　　　D．向右转弯

【参考答案】D

300．图示标志是何含义？
A．禁止向右转弯
B．禁止向左转弯
C．向左和向右转弯
D．禁止向左右转弯

【参考答案】C

301．图示标志是何含义？
A．靠道路右侧停车
B．只准向右转弯
C．右侧是下坡路段
D．靠右侧道路行驶

【参考答案】D

302．图示标志是何含义？
A．直行和左转弯行驶
B．直行和右转弯行驶
C．立体交叉直行和右转弯行驶
D．立体交叉直行和左转弯行驶

【参考答案】C

303．图示标志是何含义？
A．右侧通行　　B．左侧通行
C．向右行驶　　D．环岛行驶

【参考答案】D

304．图示标志是何含义？
A．向左单行路　　B．向右单行路
C．直行单行路　　D．左转让行

【参考答案】A

305．图示标志是何含义？
A．靠左侧道路行驶
B．只准向左转弯
C．左侧是下坡路段
D．靠道路左侧停车

【参考答案】A

306．图示标志是何含义？
A．立体交叉直行和右转弯行驶
B．立体交叉直行和左转弯行驶
C．直行和左转弯行驶
D．直行和右转弯行驶

【参考答案】B

307．图示标志是何含义？
A．向左单行路 B．向右单行路
C．直行单行路 D．右转让行

【参考答案】B

308．图示标志是何含义？
A．靠右侧行驶 B．不允许直行
C．直行单行路 D．直行车让行

【参考答案】C

309．图示标志是何含义？
A．最高限速50km/h
B．最低限速50km/h
C．水平高度50m
D．海拔50m

【参考答案】B

310．图示标志是何含义？
A．单行路   B．停车让行
C．干路先行   D．两侧街道

【参考答案】C

311．图示标志是何含义？
A．对向先行   B．停车让行
C．单行路   D．会车先行

【参考答案】D

312．图示标志是何含义？
A．低速行驶   B．注意行人
C．行人先行   D．步行

【参考答案】D

313．图示标志是何含义？
A．应当鸣喇叭
B．禁止鸣喇叭
C．禁止鸣高音喇叭
D．禁止鸣低音喇叭

【参考答案】A

314．图示标志是何含义？
A．人行横道   B．学生通道
C．儿童通道   D．注意行人

【参考答案】A

315．图示标志是何含义？

A. 分向车道　　B. 右转车道
C. 掉头车道　　D. 左转车道

【参考答案】B

316. 图示标志是何含义？
A. 分向车道　　B. 右转车道
C. 掉头车道　　D. 左转车道

【参考答案】D

317. 图示标志是何含义？
A. 直行和左转合用车道
B. 禁止左转和掉头车道
C. 掉头和左转合用车道
D. 分向行驶车道

【参考答案】C

318. 图示标志是何含义？
A. 直行和左转车道
B. 直行和辅路出口车道
C. 直行和右转合用车道
D. 分向行驶车道

【参考答案】C

319. 图示标志是何含义？

A. 直行车道
B. 右转车道
C. 掉头车道
D. 左转车道

【参考答案】A

320. 图示标志是何含义？
A. 左转车道　　B. 掉头车道
C. 绕行车道　　D. 分向车道

【参考答案】B

321. 图示标志是何含义？
A. 直行和左转合用车道
B. 直行和掉头合用车道
C. 直行和右转车道
D. 分向行驶车道

【参考答案】A

322. 图示标志是何含义？
A. 非机动车停车位
B. 电动自行车行驶
C. 非机动车停放区
D. 非机动车行驶

【参考答案】D

323. 图示标志是何含义？
A. 非机动车车道

B．禁止自行车通行车道
C．自行车专用车道
D．停放自行车路段

【参考答案】A

324．图示标志是何含义？
A．公交车专用车道
B．BRT车辆专用车道
C．大型客车专用车道
D．多乘员车专用车道

【参考答案】B

325．图示标志是何含义？
A．直线行驶车道　　B．左转行驶车道
C．右转行驶车道　　D．分向行驶车道

【参考答案】D

326．图示标志是何含义？
A．公交线路专用车道
B．大型客车专用车道
C．快速公交系统专用车道
D．多乘员车辆专用车道

【参考答案】A

327．图示标志是何含义？
A．禁止小型车行驶
B．机动车行驶

C．只准小型车行驶
D．不准小型车通行

【参考答案】B

328．图示标志是何含义？
A．小型车车道
B．小型车专用车道
C．机动车车道
D．多乘员车辆专用车道

【参考答案】C

329．图示标志是何含义？
A．Y形交叉路口预告
B．十字交叉路口预告
C．丁字交叉路口预告
D．道路分叉处预告

【参考答案】C

330．图示标志是何含义？
A．环行交叉路口预告
B．十字交叉路口预告
C．丁字交叉路口预告
D．Y形交叉路口预告

【参考答案】D

331．图示标志是何含义？
A．环行交叉路口预告
B．十字交叉路口预告

C. 互通立体交叉预告
D. Y形交叉路口预告

【参考答案】A

332．图示标志是何含义？
A. 小型汽车专用车道
B. 机动车专用车道
C. 多乘员车辆专用车道
D. 出租汽车专用车道

【参考答案】C

333．图示属于哪一类标志？
A. 警告标志　　　B. 禁令标志
C. 指示标志　　　D. 指路标志

【参考答案】D

334．指路标志的作用是什么？
A. 限制车辆通行
B. 提示限速信息
C. 提供方向信息
D. 警告前方危险

【参考答案】C

335．图示标志是何含义？
A. 交叉路口预告
B. 车道方向预告
C. 分道信息预告
D. 分岔处预告

【参考答案】A

336．图示标志是何含义？
A. 国道编号　　　B. 省道编号
C. 县道编号　　　D. 乡道编号

【参考答案】A

337．图示标志是何含义？
A. 国道编号　　　B. 省道编号
C. 县道编号　　　D. 乡道编号

【参考答案】B

338．图示标志是何含义？
A. 国道编号　　　B. 省道编号
C. 县道编号　　　D. 乡道编号

【参考答案】D

339．图示标志是何含义？
A. 地点和距离预告
B. 十字交叉路口预告
C. 分道信息预告
D. 道路分岔处预告

【参考答案】B

340．图示标志是何含义？
A. 十字交叉路口预告
B. 互通式立体交叉预告
C. Y形交叉路口预告
D. 环行交叉路口预告

【参考答案】B

341. 图示标志是何含义？
A. 国道编号　　B. 省道编号
C. 县道编号　　D. 乡道编号

【参考答案】D

342. 图示标志是何含义？
A. 地点距离　　B. 行驶路线
C. 行驶方向　　D. 终点地名

【参考答案】A

343. 图示标志是何含义？
A. 室内停车场　B. 露天停车场
C. 专用停车场　D. 内部停车场

【参考答案】B

344. 图示标志是何含义？
A. 观景台　　　B. 停车场
C. 休息区　　　D. 停车位

【参考答案】A

345. 图示标志是何含义？
A. 横过道路设施　B. 应急避难场所

C. 生活服务区　D. 行人专用通道

【参考答案】B

346. 图示标志是何含义？
A. 专用停车场　B. 露天停车场
C. 室内停车场　D. 内部停车场

【参考答案】C

347. 图示标志是何含义？
A. 紧急停车带　B. 露天停车场
C. 停车位　　　D. 错车道

【参考答案】D

348. 图示标志是何含义？
A. 向左变道　　B. 车道数变少
C. 合流处　　　D. 应急车道

【参考答案】B

349. 图示标志是何含义？
A. 此路不通　　B. T形路口
C. 分流路口　　D. 减速通行

【参考答案】A
350．图示标志是何含义？
A．减速拍照区
B．道路流量监测
C．全路段抓拍
D．交通监控设备

【参考答案】D
351．图示标志是何含义？
A．向右变道　　B．分流处
C．车道数增加　D．路面变宽

【参考答案】C
352．图示标志是何含义？
A．停车场　　　B．观景台
C．休息区　　　D．服务区

【参考答案】C
353．图示标志是何含义？
A．禁止左转　　B．此路不通
C．禁止通行　　D．超高绕行

【参考答案】D
354．图示标志是何含义？
A．隧道出口距离
B．隧道入口距离
C．隧道跟车距离
D．隧道总长度

【参考答案】A
355．图示标志是何含义？
A．左侧通行　　B．不准通行
C．两侧通行　　D．右侧通行

【参考答案】A
356．图示标志是何含义？
A．高速公路终点预告
B．高速公路入口预告
C．高速公路起点预告
D．高速公路出口预告

【参考答案】B
357．图示标志是何含义？
A．左侧通行　　B．不准通行
C．两侧通行　　D．右侧通行

【参考答案】D

358．图示标志是何含义？
A．转弯诱导标志
B．线形诱导标志
C．合流诱导标志
D．分流诱导标志

【参考答案】B

359．图示标志是何含义？
A．高速公路终点地名预告
B．高速公路行驶路线预告
C．高速公路行驶方向预告
D．高速公路地点距离预告

【参考答案】D

360．图示标志是何含义？
A．高速公路界牌编号
B．高速公路里程编号
C．高速公路命名编号
D．高速公路路段编号

【参考答案】C

361．图示标志是何含义？
A．左侧通行　　B．右侧通行
C．两侧通行　　D．不准通行

【参考答案】C

362．图示标志是何含义？
A．高速公路右侧出口预告
B．高速公路下一出口预告
C．高速公路地点、方向预告
D．高速公路左侧出口预告

【参考答案】C

363．图示标志是何含义？
A．高速公路下一出口预告
B．高速公路右侧出口预告
C．高速公路目的地预告
D．高速公路左侧出口预告

【参考答案】A

364．图示标志是何含义？
A．高速公路下一出口预告
B．高速公路右侧出口预告
C．高速公路目的地预告
D．高速公路左侧出口预告

【参考答案】D

365．图示标志是何含义？
A．高速公路起点　　B．高速公路出口
C．高速公路入口　　D．高速公路终点

【参考答案】A

366．图示标志是何含义？
A．高速公路起点预告
B．高速公路出口预告
C．高速公路入口预告
D．高速公路终点预告

【参考答案】D

367．图示标志是何含义？
A．高速公路下一出口预告
B．高速公路右侧出口预告
C．高速公路目的地预告
D．高速公路左侧出口预告

【参考答案】B

368．图示标志是何含义？
A．高速公路报警电话号码
B．高速公路交通广播频率
C．高速公路救援电话号码
D．高速公路服务电话号码

【参考答案】B

369．图示标志是何含义？
A．高速公路公用电话
B．高速公路报警电话
C．高速公路紧急电话
D．高速公路救援电话

【参考答案】D

370．图示标志是何含义？
A．高速公路紧急停车带
B．高速公路避让处所
C．高速公路停车区
D．高速公路客车站

【参考答案】A

371．图示标志是何含义？
A．高速公路领卡处
B．高速公路收费处
C．高速公路检查站
D．设有ETC的收费站

【参考答案】D

372．图示标志是何含义？
A．停车领卡
B．停车缴费
C．停车检查
D．ETC通道

【参考答案】A

373．图示标志是何含义？

A．高速公路公用电话
B．高速公路报警电话
C．高速公路紧急电话
D．高速公路救援电话

【参考答案】C

374．图示标志是何含义？
A．高速公路ETC车道
B．高速公路缴费车道
C．高速公路检查车道
D．高速公路领卡车道

【参考答案】A

375．图示标志是何含义？
A．高速公路收费站预告
B．高速公路服务区预告
C．高速公路避险处预告
D．高速公路客车站预告

【参考答案】B

376．图示属于哪一种标志？
A．旅游区标志   B．作业区标志
C．告示标志   D．高速公路标志

【参考答案】A

377．图示标志是何含义？
A．高速公路特殊天气最高车速
B．高速公路特殊天气建议车速
C．高速公路特殊天气最低车速
D．高速公路特殊天气平均车速

【参考答案】B

378．图示标志是何含义？
A．高速公路服务区
B．高速公路加油站
C．高速公路休息区
D．高速公路客车站

【参考答案】B

379．图示标志是何含义？
A．旅游区类别
B．旅游区距离
C．旅游区方向
D．旅游区符号

【参考答案】B

380．图示标志预告什么？
A．高速公路服务区预告
B．高速公路避险处预告
C．高速公路客车站预告

D．高速公路停车场预告

【参考答案】D

381．驾驶的车辆正在被其他车辆超越时，若此时后方有跟随行驶的车辆，应怎样做？

A．继续加速行驶

B．稍向右侧行驶，保证横向安全距离

C．靠道路中心行驶

D．加速向右侧让路

【参考答案】B

382．图示标志是何含义？

A．旅游区类别　　　B．旅游区距离

C．旅游区方向　　　D．旅游区符号

【参考答案】C

383．图示标志是何含义？

A．高速公路停车区预告

B．高速公路避险处预告

C．高速公路服务区预告

D．高速公路停车场预告

【参考答案】A

384．路中心黄色虚线属于哪一类标线？

A．指示标线　　　B．禁止标线

C．警告标志　　　D．辅助标线

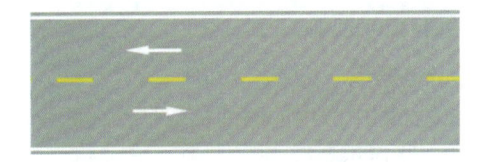

【参考答案】A

385．指示标线的作用是什么？

A．禁止通行　　　B．指示通行

C．限制通行　　　D．警告提醒

【参考答案】B

386．路两侧的车行道边缘白色实线是什么含义？

A．机动车可临时跨越

B．非机动车可临时跨越

C．车辆可临时跨越

D．禁止车辆跨越

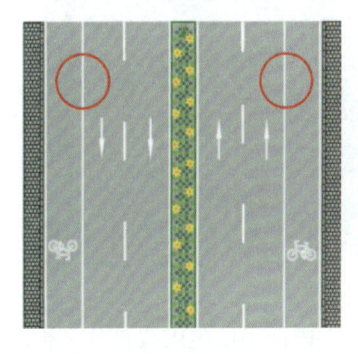

【参考答案】D

387．路中白色虚线是什么标线？

A．禁止跨越对向车道中心线

B．限制跨越对向车道中心线

C．可跨越同向车道中心线

D．单向行驶车道分界中心线

【参考答案】C

388．路中两条双黄色虚线是什么标线？

A．单向分道线　　　B．可跨越分道线

C．潮汐车道线　　　D．双向分道线

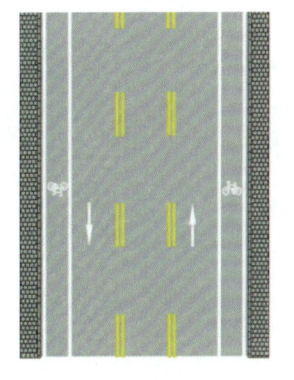

【参考答案】C

389．路右侧车行道边缘白色虚线是什么含义？
A．车辆可临时越线行驶
B．车辆禁止越线行驶
C．应急车道分界线
D．人行横道分界线

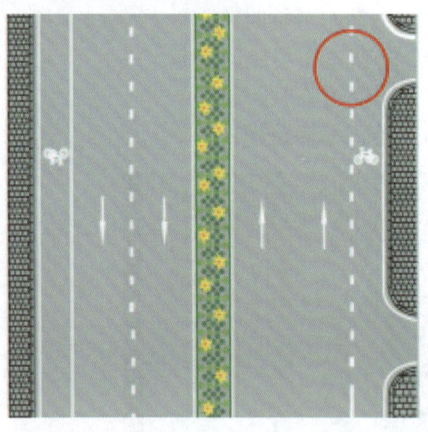

【参考答案】A

390．图中圈内两条白色虚线是什么标线？
A．小型车转弯线　　B．掉头引导线
C．左弯待转区线　　D．交叉路停车线

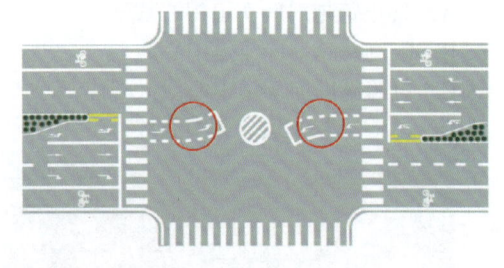

【参考答案】C

391．图中圈内白色虚线是什么标线？
A．小型车转弯线　　B．车道连接线
C．非机动车引导线　D．路口导向线

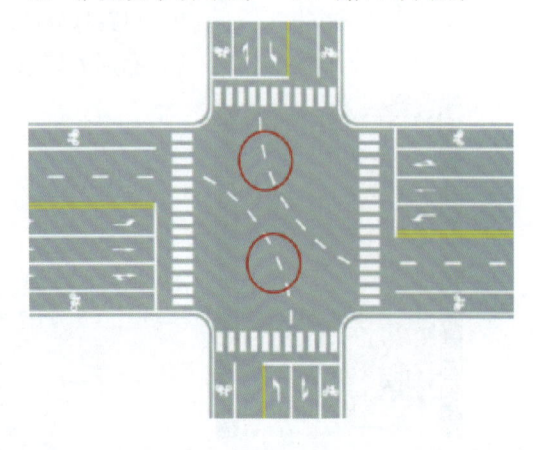

【参考答案】D

392．图中圈内的锯齿状白色实线是什么标线？
A．导向车道线　　　B．方向引导线
C．可变导向车道线　D．单向行驶线

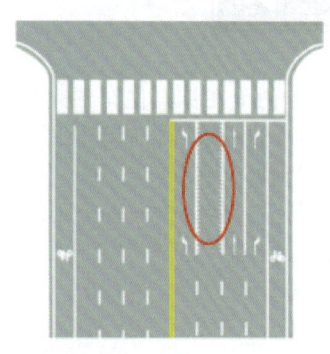

【参考答案】C

393．图中圈内白色实线是什么标线？
A．可变导向车道线　B．导向车道线
C．方向引导线　　　D．单向行驶线

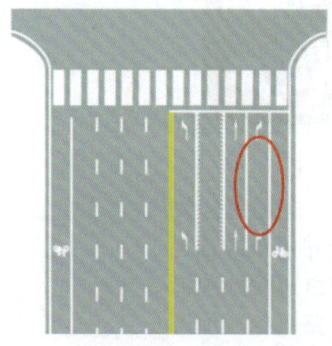

【参考答案】B

394．图中圈内的白色半圆状标记是什么标线？
A．减速行驶线
B．车速确认线
C．车距确认线
D．路口减速线

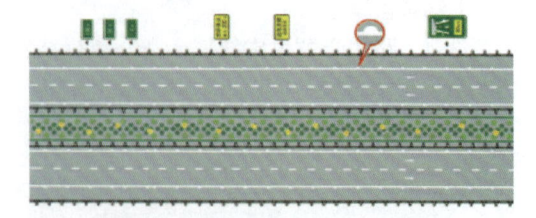

【参考答案】C

395．图中圈内的路面标记是什么标线？
A．路口示意线
B．停车让行线

C．减速让行线
D．人行横道线

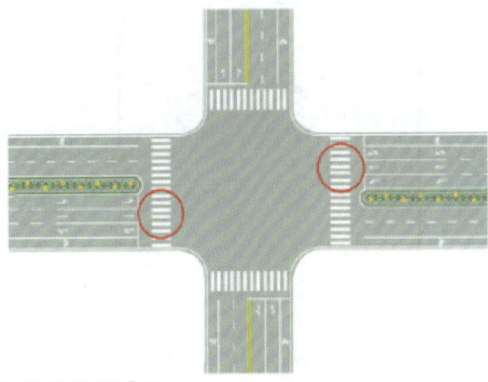

【参考答案】D

396．图中圈内的白色折线是什么标线？
A．减速行驶线
B．车距确认线
C．车速确认线
D．路口减速线

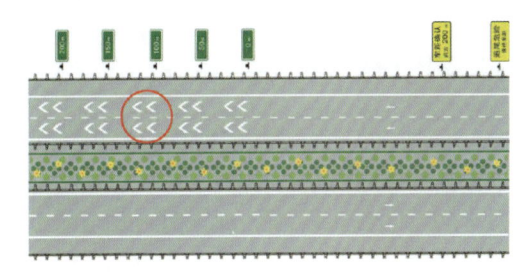

【参考答案】B

397．图中圈内黄色虚线是什么标线？
A．路口导向线
B．非机动车引导线
C．车道连接线
D．小型车转弯线

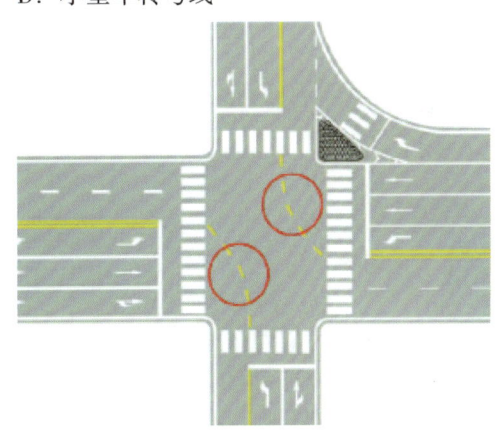

【参考答案】A

398．路面由白色虚线和三角地带标线组成的是什么标线？
A．道路入口标线
B．可跨越式分道线
C．道路出口减速线
D．道路出口标线

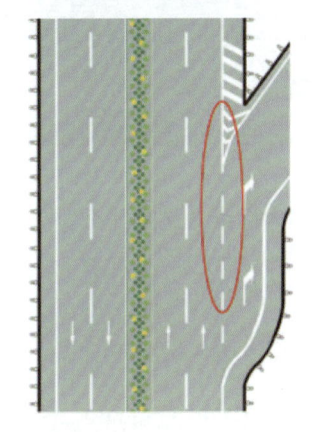

【参考答案】D

399．这种停车标线含义是什么？
A．专用待客停车位
B．专用上下客停车位
C．固定停车方向停车位
D．机动车限时停车位

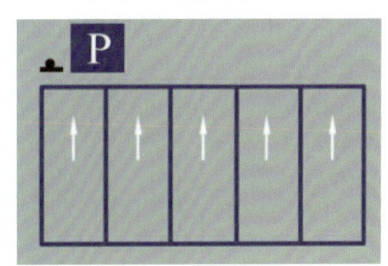

【参考答案】C

400．这种白色矩形标线框含义是什么？
A．出租车专用上下客停车位
B．平行式停车位
C．倾斜式停车位
D．垂直式停车位

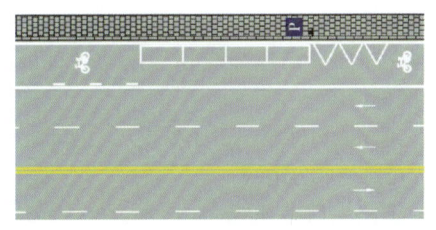

【参考答案】B

401．红色圆圈内标线含义是什么？
A．临时停靠站
B．港湾式停靠站
C．应急停车带
D．公交车停靠站

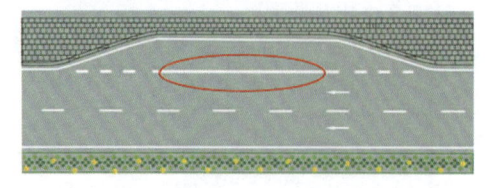

【参考答案】B

402．红色圆圈内标线含义是什么？
A．临时停靠站
B．大客车停靠站
C．公交车停靠站
D．应急停车带

【参考答案】C

403．这种白色矩形标线框含义是什么？
A．长时停车位
B．限时停车位
C．专用停车位
D．免费停车位

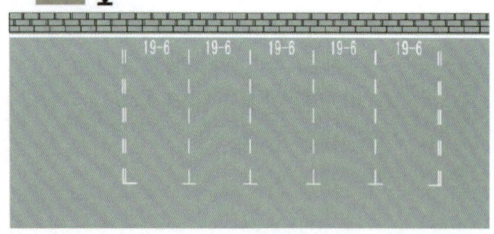

【参考答案】B

404．路面上白色虚线和三角地带标线组成的是什么标线？
A．道路入口标线
B．可跨越式分道线
C．道路入口减速线
D．道路出口标线

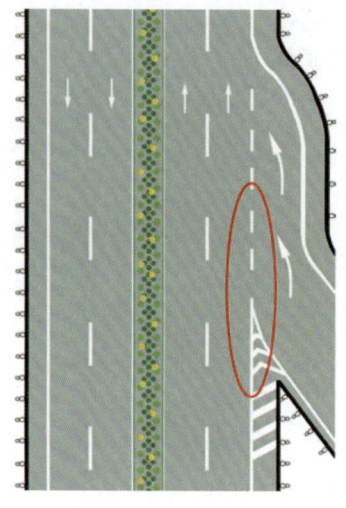

【参考答案】A

405．这个导向箭头是何含义？
A．指示向左转弯或掉头
B．指示直行或向左变道
C．指示直行或左转弯
D．指示直行或掉头

【参考答案】C

406．这个导向箭头是何含义？
A．指示前方可左转或掉头
B．指示前方可直行或左转
C．指示前方可直行或掉头
D．指示前方直行向左变道

【参考答案】C

407．这个导向箭头是何含义？
A．提示前方有左弯或需向左合流
B．提示前方有右弯或需向右合流
C．提示前方右侧有障碍需向左合流
D．提示前方有左弯或需向左绕行

科目一　单选题　　第2章

【参考答案】A

408．路面上导向箭头是何含义？
A．提示前方有左弯或需向左合流
B．提示前方有右弯或需向右合流
C．提示前方有障碍需向左合流
D．提示前方有左弯或需向左绕行

【参考答案】B

409．这个导向箭头是何含义？
A．指示前方可直行或向左变道
B．指示前方可直行或左转
C．指示前方可直行或掉头
D．指示前方可左转或掉头

【参考答案】D

410．这个导向箭头是何含义？
A．指示车道　　B．指示禁行
C．指示合流　　D．指示直行

【参考答案】D

411．路中心的黄色斜线填充是何含义？
A．可跨越对向车道分界线
B．双侧可跨越同向车道分界线
C．禁止跨越对向车行道分界线
D．单向行驶车道分界线

【参考答案】C

412．路缘石上的黄色虚线是何含义？
A．禁止临时停车
B．禁止上下人员
C．禁止长时停车
D．禁止装卸货物

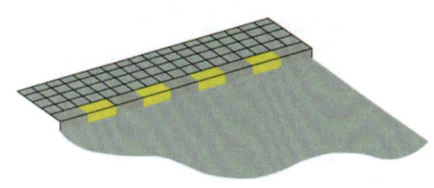

【参考答案】C

413．图示导向箭头是何含义？
A．指示向右转弯或掉头
B．指示直行或右转弯
C．指示直行或向右变道
D．指示直行或掉头

【参考答案】B

414．路中心黄色虚实线是何含义？
A．实线一侧禁止越线
B．虚线一侧禁止越线
C．实线一侧允许越线
D．两侧均可越线行驶

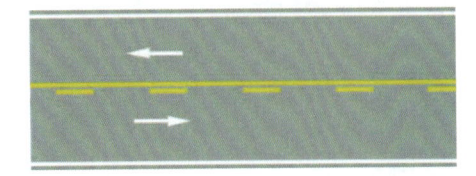

【参考答案】A

415. 图示导向箭头是何含义？
A. 指示前方右转弯
B. 指示向左变道
C. 指示前方直行
D. 指示前方左转弯

【参考答案】D

416. 图示路面标记是何含义？
A. 最低限速为100km/h
B. 平均车速为100km/h
C. 解除100km/h限速
D. 最高限速为100km/h

【参考答案】D

417. 图示路面标记是何含义？
A. 自行车专用道
B. 非机动车道
C. 摩托车专用道
D. 蓄电池车专用道

【参考答案】B

418. 图示导向箭头是何含义？
A. 指示前方右转弯
B. 指示前方掉头
C. 指示前方直行
D. 指示向左变道

【参考答案】A

419. 图中圈内三角填充区域是什么标线？
A. 网状线   B. 停车线
C. 减速线   D. 导流线

【参考答案】D

420. 图示导向箭头是何含义？
A. 指示前方右转
B. 指示前方掉头
C. 指示前方直行
D. 指示向左变道

【参考答案】B

421. 路口最前端的双白虚线是什么含义？
A. 等候放行线
B. 停车让行线
C. 减速让行线
D. 左弯待转线

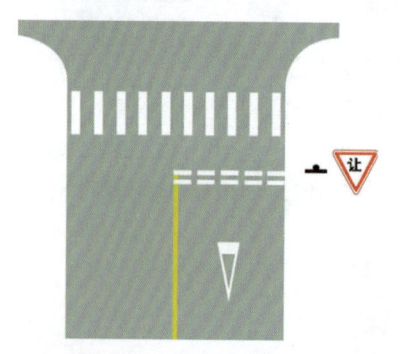

【参考答案】C

422. 路缘石上的黄色实线是何含义？
A. 仅允许上下人员
B. 仅允许装卸货物
C. 禁止长时间停车
D. 禁止停放车辆

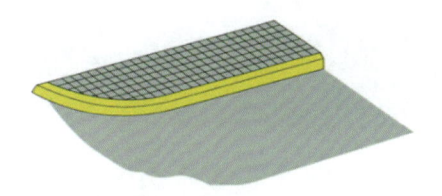

【参考答案】D

423．图中圈内白色横实线是何含义？
A．停止线　　　　B．让行线
C．减速线　　　　D．待转线

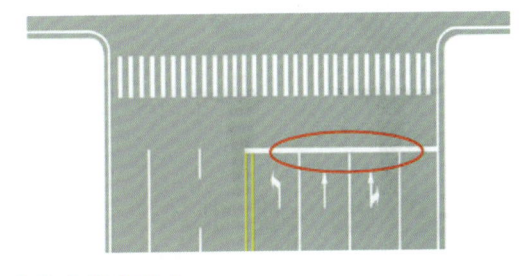

【参考答案】A

424．图示路面标记是什么标线？
A．禁驶区　　　　B．网状线
C．导流线　　　　D．中心圈

【参考答案】D

425．路口最前端的双白实线是什么含义？
A．等候放行线
B．停车让行线
C．减速让行线
D．左弯待转线

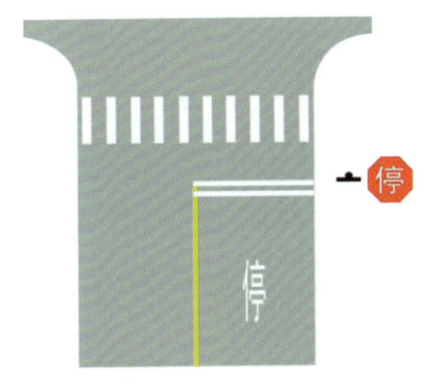

【参考答案】B

426．图示路面标记是什么标线？
A．禁驶区　　　　B．网状线
C．中心圈　　　　D．导流线

【参考答案】C

427．道路最左侧白色虚线区域是何含义？
A．多乘员车辆专用车道
B．小型客车专用车道
C．未载客出租车专用车道
D．大型客车专用车道

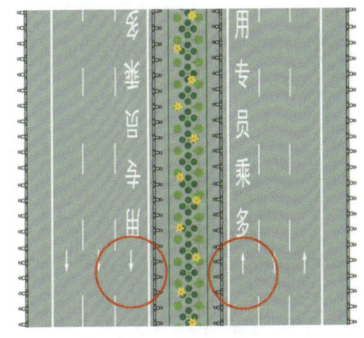

【参考答案】A

428．图中圈内两条黄色虚线间的区域是何含义？
A．大客车专用车道
B．营运客车专用车道
C．出租车专用车道
D．公交专用车道

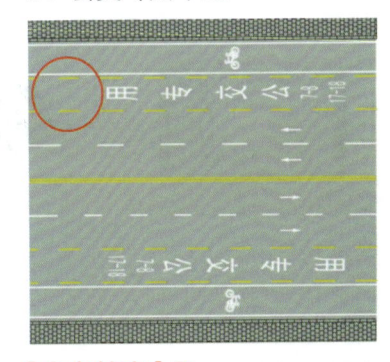

【参考答案】D

429．路面上的黄色标记是何含义？
A．禁止左转　　　B．禁止掉头
C．禁止右转　　　D．禁止直行

【参考答案】C

430．路面上的黄色标记是何含义？
A．禁止转弯　　B．禁止掉头
C．允许掉头　　D．禁止直行

【参考答案】B

431．图中路口中央黄色路面标记是什么标线？
A．中心圈　　B．导流线
C．网状线　　D．停车区

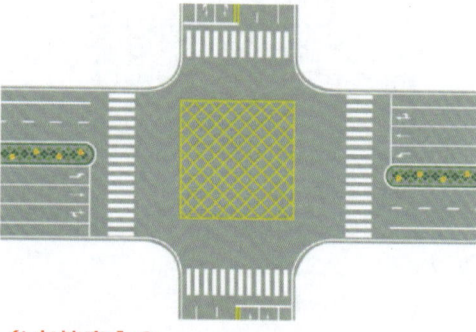

【参考答案】C

432．图示黄黑相间的倾斜线条是什么标记？
A．减速标记　　B．实体标记
C．凸起标记　　D．立面标记

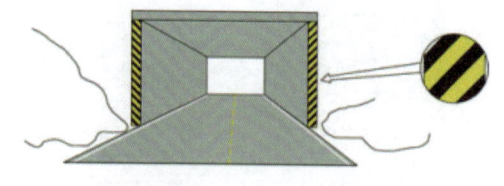

【参考答案】D

433．路面上的黄色标线是何含义？
A．车行道变多标线
B．路面宽度渐变标线
C．接近障碍物标线
D．施工路段提示线

【参考答案】B

434．图示这一组交通警察手势是什么信号？
A．直行信号　　B．转弯信号
C．停止信号　　D．靠边停车信号

【参考答案】A

435．图示这一组交通警察手势是什么信号？
A．靠边停车信号　　B．左转弯待转信号
C．左转弯信号　　　D．右转弯信号

【参考答案】C

436．路面上的菱形块虚线是何含义？
A．车行道纵向减速标线
B．道路施工提示标线
C．车行道横向减速标线
D．车道变少提示标线

【参考答案】A

437. 图示这一组交通警察手势是什么信号?
A. 左转弯信号　　B. 停止信号
C. 右转弯信号　　D. 靠边停车信号

【参考答案】B

438. 图示这一组交通警察手势是什么信号?
A. 靠边停车信号　　B. 左转弯待转信号
C. 减速慢行信号　　D. 左转弯信号

【参考答案】D

439. 图示这一组交通警察手势是什么信号?
A. 右转弯信号　　B. 减速慢行信号
C. 变道信号　　D. 靠边停车信号

【参考答案】C

440. 图示这一组交通警察手势是什么信号?
A. 靠边停车信号　　B. 减速慢行信号
C. 变道信号　　D. 右转弯信号

【参考答案】B

441. 图示这一组交通警察手势是什么信号?
A. 左转弯待转信号
B. 左转弯信号
C. 减速慢行信号
D. 右转弯信号

【参考答案】A

442. 图示这一组交通警察手势是什么信号?
A. 靠边停车信号
B. 减速慢行信号
C. 停止信号
D. 右转弯信号

【参考答案】D

443. 图示这一组交通警察手势是什么信号?
A. 右转弯信号
B. 减速慢行信号
C. 左转弯待转信号
D. 靠边停车信号

【参考答案】A

444. 雨天对安全行车的主要影响是什么?
A. 电气设备易受潮短路
B. 路面湿滑,视线受阻
C. 发动机易熄火

D．行驶阻力增大

【参考答案】B

445．下雨后路面湿滑，车辆行驶中紧急制动时，容易导致什么？

A．引起发动机熄火

B．不被其他车辆驾驶人发现

C．因视线模糊而撞车

D．发生侧滑、引发交通事故

【参考答案】D

446．冰雪道路对安全行车的主要影响是什么？

A．电气设备易受潮短路

B．能见度降低，视野模糊

C．行驶阻力增大

D．制动性能差，方向易跑偏

【参考答案】D

447．冰雪路行车时应注意什么？

A．制动距离延长

B．抗滑能力变大

C．路面附着力增大

D．制动性能没有变化

【参考答案】A

448．雾天对安全行车的主要影响是什么？

A．发动机易熄火

B．易发生侧滑

C．行驶阻力增大

D．能见度低，视线不清

【参考答案】D

449．行人参与道路交通的主要特点是什么？

A．行动迟缓

B．喜欢聚集、围观

C．行走随意性大，方向多变

D．以上都是

【参考答案】C

450．夜间道路环境对安全行车的主要影响是什么？

A．能见度低、不利于观察道路交通情况

B．路面复杂多变

C．驾驶人体力下降

D．驾驶人易产生冲动、幻觉

【参考答案】A

451．泥泞道路对安全行车的主要影响是什么？

A．行驶阻力变小

B．车轮极易滑转和侧滑

C．能见度低，视野模糊

D．路面附着力增大

【参考答案】B

452．水淹路面影响行车安全，不易通行的原因是什么？

A．无法观察到暗坑和凸起的路面

B．路面附着力增大

C．能见度低，视野模糊

D．日光反射阻挡视线

【参考答案】A

453．行车中遇交通事故受伤者需要抢救时，应怎样做？

A．及时将伤者送医院抢救或拨打急救电话

B．尽量避开，少惹麻烦

C．绕过现场行驶

D．借故避开现场

【参考答案】A

454．行车中遇到对向来车占道行驶，应怎样做？

A．紧靠道路中心行驶

B．主动给对方让行

C．用前照灯警示对方

D．逼对方靠右行驶

【参考答案】B

455．行车中发现前方道路拥堵时，应怎样做？

A．寻找机会超越前车

B．从车辆空间穿插通过

C．减速停车，依次排队等候

D．鸣喇叭催促

【参考答案】C

456．会车中遇到对方来车行进有困难需借道时，应怎样做？

A．不侵占对方道路，正常行驶

B．示意对方停车让行

C．靠右侧加速行驶

D．尽量礼让对方先行

【参考答案】D

457．山区道路对安全行车的主要影响是什么？

A．道路标志少

B．交通情况单一

C．坡长弯急，视距不足

D．车流密度大

【参考答案】C

458．行车中突遇对方车辆强行超车，占据自己车道，正确的做法是什么？
A．加速行驶
B．尽可能减速避让、直至停车
C．保持原车速行驶
D．挡住其去路
【参考答案】B

459．行车中遇有前方发生交通事故，需要帮助时，应怎样做？
A．尽量绕道躲避
B．立即报警，停车观望
C．协助保护现场，并立即报警
D．加速通过，不予理睬
【参考答案】C

460．行车中遇到后方车辆要求超车时，应怎样做？
A．及时减速、观察后靠右行驶让行
B．保持原有车速行驶
C．靠右侧加速行驶
D．不让行
【参考答案】A

461．发现前方道路堵塞，正确的做法是什么？
A．继续穿插绕行
B．选择空当逐车超越
C．鸣喇叭示意前方车辆快速行驶
D．按顺序停车等候
【参考答案】D

462．车辆在拥挤路段低速行驶时，遇其他车辆强行插队，应怎样做？
A．鸣喇叭警告，不得进入
B．加速行驶，紧跟前车，不让其进入
C．主动礼让，确保行车安全
D．挤靠"加塞"车辆，逼其离开
【参考答案】C

463．当驾驶车辆行经两侧有行人且有积水的路面时，应怎样做？
A．加速通过　　　B．正常行驶
C．减速慢行　　　D．连续鸣喇叭
【参考答案】C

464．当驾驶车辆行经两侧有非机动车行驶且有积水的路面时，应怎样做？
A．减速慢行　　　B．正常行驶
C．加速通过　　　D．连续鸣喇叭
【参考答案】A

465．驾驶人在超车时，前方车辆不减速、不让道，应怎样做？
A．连续鸣喇叭加速超越
B．加速继续超越
C．停止继续超车
D．紧跟其后，伺机再超
【参考答案】C

466．驾驶人在行车中经过积水路面时，应怎样做？
A．减速慢行
B．保持正常车速通过
C．空挡滑行通过
D．加速通过
【参考答案】A

467．行车中需要借道绕过前方障碍物，但对向来车已接近障碍物时，应怎样做？
A．降低车速或停车，让对向来车优先通行
B．加速提前抢过
C．鸣喇叭示意对向车辆让道
D．迅速占用车道，迫使对向来车停车让道
【参考答案】A

468．行驶车道绿灯亮时，但车辆前方人行横道仍有行人行走，应怎样做？
A．直接起步通过
B．起步后从行人后方绕过
C．起步后从行人前方绕过
D．等行人通过后再起步
【参考答案】D

469．在一般道路倒车时，若发现有过往车辆通过，应怎样做？
A．继续倒车　　　B．鸣喇叭示意
C．主动停车避让　D．加速倒车
【参考答案】C

470．驾驶车辆在交叉路口前变更车道时，应怎样驶入要变更的车道？
A．在路口前实线区内根据需要
B．进入路口实线区内
C．在虚线区按导向箭头指示
D．在路口停止线前
【参考答案】C

471．车辆驶近人行横道时，应怎样做？
A．加速通过

B．立即停车

C．鸣喇叭示意行人让道

D．先减速注意观察行人、非机动车动态，确认安全后再通过

【参考答案】D

472．车辆临时靠边停车后准备起步时，应先怎样做？

A．加油起步

B．鸣喇叭

C．观察周围交通情况

D．提高发动机转速

【参考答案】C

473．会车前选择的交会位置不理想时，应怎样做？

A．加速选择理想位置

B．减速、低速会车或停车让行

C．向左占道，让对方减速让行

D．打开前照灯，示意对方停车让行

【参考答案】B

474．驾驶车辆行至道路急转弯处，应怎样做？

A．借对向车道行驶

B．急剧制动低速通过

C．靠弯道外侧行驶

D．充分减速并靠右侧行驶

【参考答案】D

475．山区道路车辆进入弯道前，在对面没有来车的情况下，应怎样做？

A．应"减速、鸣喇叭、靠右行"

B．可靠弯道外侧行驶

C．可短时间借用对方的车道

D．可加速沿弯道切线方向通过

【参考答案】A

476．在堵车的交叉路口绿灯亮时，车辆应怎样做？

A．可直接驶入交叉路口

B．不能驶入交叉路口

C．在保证安全的情况下驶入交叉路口

D．可借对向车道通过路口

【参考答案】B

477．进入左侧道路超车，无法保证与正常行驶前车的横向安全间距时，应怎样做？

A．加速超越

B．并行一段距离后再超越

C．放弃超车

D．谨慎超越

【参考答案】C

478．驾驶的车辆正在被其他车辆超越时，应怎样做？

A．继续加速行驶

B．减速，靠右侧行驶

C．靠道路中心行驶

D．加速让路

【参考答案】B

479．遇后车发出超车信号后，只要具备让超条件应怎样做？

A．迅速减速或紧急制动

B．让出适当空间加速行驶

C．主动减速并靠右侧行驶

D．靠道路右侧加速行驶

【参考答案】C

480．驾驶车辆通过无人看守的铁路道口时，应怎样做？

A．加速通过

B．减速通过

C．匀速通过

D．一停、二看、三通过

【参考答案】D

481．驶近没有人行横道的交叉路口时，发现有人横穿道路，应怎样做？

A．减速或停车让行

B．鸣喇叭示意其让道

C．抢在行人之前通过

D．立即变道绕过行人

【参考答案】A

482．行车中遇有非机动车准备绕过停放的车辆时，应怎样做？

A．鸣喇叭示意其让道

B．让其先行

C．加速绕过

D．紧随其后鸣喇叭

【参考答案】B

483．驾驶车辆驶入铁路道口前减速降挡，进入道口后应怎样做？

A．不能变换挡位   B．可以变换挡位

C．可换为高挡   D．停车观察

【参考答案】A

484．行车中超越右侧停放的车辆时，为预防其突然起步或开启车门，应怎样做？
   A．预留出横向安全距离，减速行驶
   B．保持正常速度行驶
   C．长鸣喇叭
   D．加速通过
【参考答案】A

485．行车中，遇非机动车抢行时，应怎样做？
   A．鸣喇叭警告　　　B．加速通过
   C．减速让行　　　　D．临近时突然加速
【参考答案】C

486．行车中遇列队横过道路的学生时，应怎样做？
   A．提前加速抢行
   B．停车让行
   C．降低车速、缓慢通过
   D．连续鸣喇叭催促
【参考答案】B

487．车辆通过凹凸路面时，应怎样做？
   A．低速缓慢平稳通过
   B．依靠惯性加速冲过
   C．挂空挡滑行驶过
   D．保持原速通过
【参考答案】A

488．行车中遇抢救伤员的救护车从本车道逆向驶来时，应怎样做？
   A．靠边减速或停车让行
   B．占用其他车道行驶
   C．加速变更车道避让
   D．在原车道内继续行驶
【参考答案】A

489．行车中遇儿童时，应怎样做？
   A．长鸣喇叭催促
   B．减速慢行，必要时停车避让
   C．迅速从一侧通过
   D．加速绕行
【参考答案】B

490．行车中超越同向行驶的自行车时，应怎样做？
   A．让自行车先行
   B．注意观察动态，减速慢行，留有足够的安全距离
   C．连续鸣喇叭提醒其让路
   D．持续鸣喇叭并加速超越
【参考答案】B

491．车辆在交叉路口有优先通行权的，遇有车辆抢行时，应怎样做？
   A．抢行通过
   B．提前加速通过
   C．按优先权规定正常行驶不予避让
   D．减速避让，必要时停车让行
【参考答案】D

492．机动车在道路边临时停车时，应怎样做？
   A．可逆向停放
   B．可并列停放
   C．不得逆向或并列停放
   D．只要出去方便，可随意停放
【参考答案】C

493．夜间驾驶车辆遇自行车对向驶来时，应怎样做？
   A．连续变换远、近光灯
   B．不断鸣喇叭
   C．使用远光灯
   D．使用近光灯，减速或停车避让
【参考答案】D

494．车辆在主干道上行驶，驶近主支干道交汇处时，为防止与从支路突然驶入的车辆相撞，应怎样做？
   A．提前减速、观察，谨慎驾驶
   B．保持正常速度行驶
   C．鸣喇叭，迅速通过
   D．提前加速通过
【参考答案】A

495．车辆在雨天临时停车时，应开启什么灯？
   A．前后雾灯
   B．危险报警闪光灯
   C．前照灯
   D．倒车灯
【参考答案】B

496．车辆驶近停在车站的公交车辆时，为预防公交车突然起步或行人从车前穿出，应怎样做？
   A．减速，保持足够间距，随时准备停车
   B．保持正常车速行驶
   C．随时准备紧急制动
   D．鸣喇叭提醒，加速通过

【参考答案】A

497．雨天行车，遇撑雨伞和穿雨衣的行人在公路上行走时，应怎样做？
　A．以正常速度行驶
　B．持续鸣喇叭示意其让道
　C．加速绕行
　D．提前鸣喇叭，并适当降低车速
【参考答案】D

498．车辆行至交叉路口，遇有转弯的车辆抢行，应怎样做？
　A．停车避让
　B．保持正常车速行驶
　C．提高车速抢先通过
　D．鸣喇叭抢先通过
【参考答案】A

499．车辆在雪天临时停车时，应开启什么灯？
　A．前后雾灯　　　B．倒车灯
　C．前照灯　　　　D．危险报警闪光灯
【参考答案】D

500．驾驶人行车中看到注意儿童标志的时候，应怎样做？
　A．加速行驶
　B．绕道行驶
　C．谨慎选择行车速度
　D．保持正常车速行驶
【参考答案】C

501．高速公路上行车，如果因疏忽驶过出口，应怎样做？
　A．在原地倒车驶回
　B．继续向前行驶，寻找下一个出口
　C．立即停车
　D．在原地掉头
【参考答案】B

502．以欺骗、贿赂等不正当手段取得驾驶证被依法撤销驾驶许可的，多长时间不得重新申请驾驶许可？
　A．3年内　　　　B．终身
　C．1年内　　　　D．5年内
【参考答案】A

503．在实习期内驾驶机动车的，应当在车身后部粘贴或者悬挂哪种标志？
　A．注意避让标志
　B．注意新手标志
　C．统一式样的实习标志
　D．注意车距标志
【参考答案】C

504．驶入高速公路的收费口时，应选择怎样的入口？
　A．车辆多　　　　B．红灯亮
　C．暂停服务　　　D．绿灯亮
【参考答案】D

505．驾驶车辆进入高速公路加速车道后，应尽快将车速提高到每小时多少千米以上？
　A．30　　　　　　B．40
　C．50　　　　　　D．60
【参考答案】D

506．机动车驾驶人初次申领驾驶证后的实习期是多长时间？
　A．18个月　　　　B．16个月
　C．12个月　　　　D．6个月
【参考答案】C

507．车辆因故障必须在高速公路停车时，应在车后方多少米以外设置故障警告标志？
　A．25　　　　　　B．150
　C．100　　　　　D．50
【参考答案】B

508．在标志、标线齐全的高速公路上行车，应当按照什么规定的车道和车速行驶？
　A．《中华人民共和国道路交通安全法》
　B．标志或标线
　C．车辆说明书
　D．地方法规
【参考答案】B

509．机动车在高速公路行驶，下列做法正确的是什么？
　A．可在路肩停车上下人员
　B．可在紧急停车带停车装卸货物
　C．可在减速车道或加速车道上超车、停车
　D．非紧急情况时不得在应急车道行驶或者停车
【参考答案】D

510．在同向4车道高速公路上行车，车速高于110km/h的车辆应在哪条车道上行驶？
　A．最左侧　　　　B．第二条
　C．第三条　　　　D．最右侧
【参考答案】A

511．车辆在山区道路跟车行驶时，应怎样做?
  A．紧随前车之后
  B．适当加大安全距离
  C．适当减小安全距离
  D．尽可能寻找超车机会
【参考答案】B

512．下长坡时，控制车速除了行车制动以外还有什么有效的辅助方法?
  A．挂入空挡滑行
  B．利用发动机制动
  C．踏下离合器滑行
  D．关闭发动机熄火滑行
【参考答案】B

513．下长坡连续使用行车制动会导致什么?
  A．会缩短发动机寿命
  B．增加驾驶人的劳动强度
  C．会使制动器温度升高而使制动效果急剧下降
  D．容易造成车辆倾翻
【参考答案】C

514．车辆在较窄的山路上行驶时，如果靠山体的一方不让行，应怎样做?
  A．向左占道，谨慎驶过
  B．提前减速或停车避让
  C．保持正常车速行驶
  D．鸣喇叭催其让行
【参考答案】B

515．车辆驶入双向行驶隧道前，应开启什么灯?
  A．危险报警闪光灯
  B．远光灯
  C．雾灯
  D．示廓灯或近光灯
【参考答案】D

516．在山区道路超车时，应怎样超越?
  A．选择较缓的下坡路
  B．抓住任何机会尽量
  C．选择宽阔的缓上坡路段
  D．选择较长的下坡路
【参考答案】C

517．在山区道路遇对向来车时，应怎样会车?
  A．不减速
  B．紧靠道路中心
  C．加速
  D．减速或停车让行
【参考答案】D

518．夜间车辆通过照明条件良好的路段时，应使用什么灯?
  A．雾灯
  B．近光灯
  C．远光灯
  D．危险报警闪光灯
【参考答案】B

519．夜间行车中，前方出现弯道时，灯光照射会发生怎样的变化?
  A．距离不变
  B．由高变低
  C．离开路面
  D．由路中移到路侧
【参考答案】D

520．雾天行车时，应及时开启什么灯?
  A．倒车灯
  B．近光灯
  C．远光灯
  D．雾灯
【参考答案】D

521．遇有浓雾或特大雾天能见度过低，行车困难时，应怎样做?
  A．开启前照灯，继续行驶
  B．开启示廓灯、雾灯，靠右行驶
  C．开启危险报警闪光灯和雾灯，选择安全地点停车
  D．开启危险报警闪光灯，继续行驶
【参考答案】C

522．车辆涉水后，应保持低速行驶，怎样操作制动踏板，以恢复制动效果?
  A．持续重踏
  B．间断重踏
  C．持续轻踏
  D．间断轻踏
【参考答案】D

523．在暴雨天气驾车，刮水器无法刮净雨水时，应怎样做?
  A．减速行驶
  B．集中注意力谨慎驾驶
  C．立即减速靠边停车
  D．以正常速度行驶
【参考答案】C

524．在山区冰雪道路上行车，遇有前车正在爬坡时，后车应怎样做?
  A．选择适当地点停车，等前车通过后再爬坡
  B．迅速超越前车
  C．低速爬坡
  D．紧随其后爬坡
【参考答案】A

525．前轮胎爆裂已出现转向时，驾驶人不

要过度矫正，应在控制住方向的情况下，应怎样做，使车辆缓慢减速？
A．采取紧急制动
B．使用驻车制动
C．轻踏制动踏板
D．迅速踏下制动踏板
【参考答案】C

526．轮胎气压过低时，高速行驶轮胎会出现波浪变形温度升高而导致什么？
A．气压不稳　　　B．气压更低
C．行驶阻力增大　D．爆胎
【参考答案】D

527．发动机起动后仪表板上图示指示灯亮表示什么？
A．发动机机油压力过高
B．发动机主油道堵塞
C．发动机机油压力过低
D．发动机曲轴箱漏气

【参考答案】C

528．机动车仪表板上图示指示灯亮表示什么？
A．制动踏板没回位
B．驻车制动解除
C．行车制动器失效
D．制动系统出现异常

【参考答案】D

529．机动车仪表板上图示指示灯亮表示什么？
A．防抱死制动系统故障
B．驻车制动器处于解除状态
C．安全气囊处于故障状态
D．行车制动系统故障

【参考答案】A

530．避免爆胎的错误做法是什么？
A．降低轮胎气压
B．定期检查轮胎
C．及时清理轮胎沟槽里的异物
D．更换有裂纹或有很深损伤的轮胎
【参考答案】A

531．图示仪表是何含义？
A．发动机转速表
B．行驶速度表
C．区间里程表
D．百公里油耗表

【参考答案】A

532．机动车仪表板上图示指示灯亮表示什么？
A．危险报警闪光灯开启
B．前照灯开启
C．前后位置灯开启
D．前后雾灯开启

【参考答案】C

533．机动车仪表板上图示指示灯亮表示什么？
A．行车制动系统出现故障
B．驻车制动器处于制动状态
C．防抱死制动系统出现故障
D．驻车制动器处于解除状态

【参考答案】B

534．发动机起动后仪表板上图示指示灯亮表示什么？
A．油箱内燃油已到最低液面
B．发动机供油系统出现异常
C．发动机点火系统出现故障
D．燃油泵出现异常或者故障

【参考答案】A

535．危险报警闪光灯可用于下列什么场合？
A．在道路上跟车行驶时
B．遇到道路拥堵时
C．机动车发生故障停车时
D．引领后车行驶时

【参考答案】C

536．机动车仪表板上图示指示灯亮表示什么？
A．右转向指示灯闪烁
B．危险报警闪光灯闪烁
C．左转向指示灯闪烁
D．车前后位置灯闪烁

【参考答案】B

537．机动车仪表板上图示指示灯亮表示什么？
A．左转向指示灯闪烁
B．右转向指示灯闪烁
C．车前后位置灯亮起
D．车前后示宽灯亮起

【参考答案】B

538．行车中仪表板上图示指示灯亮表示什么？
A．发动机温度过低
B．发动机温度过高
C．发动机冷却系统故障
D．发动机润滑系统故障

【参考答案】B

539．机动车仪表板上图示指示灯亮时表示什么？
A．已开启前照灯远光
B．已开启前雾灯
C．已开启后雾灯
D．已开启前照灯近光

【参考答案】D

540．机动车仪表板上图示指示灯亮表示什么？
A．没有系好安全带
B．安全带出现故障
C．已经系好安全带
D．安全带系得过松

【参考答案】A

541．机动车仪表板上图示指示灯亮表示什么？
A．车前后位置灯亮起
B．右转向指示灯闪烁
C．左转向指示灯闪烁
D．车前后示宽灯亮起

【参考答案】C

542．图示机动车仪表板上这个符号表示什么？
A．一侧车门开启　　B．行李舱开启
C．发动机舱开启　　D．加油口盖开启

【参考答案】B

543. 图示机动车仪表板上这个符号表示什么?
A. 一侧车门开启　　B. 行李舱开启
C. 发动机舱开启　　D. 加油口盖开启

【参考答案】C

544. 图示机动车仪表板上的指示灯亮表示什么?
A. 充电电流过大　　B. 蓄电池损坏
C. 电流表故障　　　D. 充电电路故障

【参考答案】D

545. 图示机动车仪表板上的指示灯亮表示什么?
A. 两侧车门开启　　B. 行李舱开启
C. 发动机舱开启　　D. 加油口盖开启

【参考答案】A

546. 图示机动车仪表板上的指示灯一直亮表示什么?
A. 防抱死制动系统故障
B. 安全气囊处于故障状态
C. 安全气囊处于工作状态
D. 安全带没有系好

【参考答案】B

547. 图示机动车仪表板上的指示灯亮表示什么?
A. 迎面出风　　　　B. 空气外循环
C. 空气内循环　　　D. 风窗玻璃除霜

【参考答案】C

548. 图示机动车仪表板上的这个符号表示什么?
A. 近光灯开关　　　B. 远光灯开关
C. 车灯总开关　　　D. 后雾灯开关

【参考答案】C

549. 图示机动车仪表板上的指示灯亮表示什么?
A. 空气内循环　　　B. 空气外循环
C. 迎面吹风　　　　D. 风窗玻璃除霜

【参考答案】B

550. 图示机动车仪表板上的符号表示什么?
A. 冷风暖气风扇　　B. 空调制冷
C. 空气循环　　　　D. 雪地起步模式

【参考答案】A

551. 图示机动车仪表板上的指示灯亮表示什么?
A. 空气内循环　　　B. 侧面出风
C. 空气外循环　　　D. 迎面出风

【参考答案】D
552．图示符号的开关控制什么装置？
A．前风窗玻璃刮水器
B．后风窗玻璃除霜
C．后风窗玻璃刮水器
D．前风窗玻璃除霜

【参考答案】A
553．图示机动车仪表板上指示灯亮表示什么？
A．空气内循环
B．地板及迎面出风
C．空气外循环
D．侧面及地板出风

【参考答案】B
554．图示这个符号的开关控制什么装置？
A．后风窗玻璃除霜或除雾
B．前风窗玻璃刮水器及洗涤器
C．后风窗玻璃刮水器及洗涤器
D．前风窗玻璃除霜或除雾

【参考答案】B
555．图示这个符号的开关控制什么装置？
A．儿童安全锁　　B．两侧车窗玻璃
C．电动车门　　　D．车门锁住开锁

【参考答案】D

556．图示这个符号的开关控制什么装置？
A．后风窗玻璃除霜或除雾
B．前风窗玻璃刮水器及洗涤器
C．后风窗玻璃刮水器及洗涤器
D．前风窗玻璃除霜或除雾

【参考答案】C
557．图示这个符号的开关控制什么装置？
A．儿童安全锁　　B．两侧车窗玻璃
C．电动车门　　　D．车门锁住开锁

【参考答案】A
558．图示是什么踏板？
A．加速踏板　　　B．离合器踏板
C．制动踏板　　　D．驻车制动器

【参考答案】B
559．图示机动车仪表板上的指示灯亮表示什么？
A．制动液不足　　B．洗涤液不足
C．冷却系统故障　D．冷却液不足

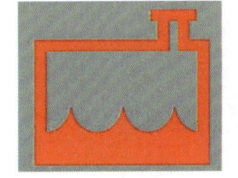

【参考答案】D
560．图示是什么踏板？
A．加速踏板　　　B．离合器踏板
C．制动踏板　　　D．驻车制动器

【参考答案】C

561. 图示是什么操纵装置？
A. 驻车制动器操纵杆
B. 节气门操纵杆
C. 变速器操纵杆
D. 离合器操纵杆

【参考答案】A

562. 图示是什么操纵装置？
A. 灯光开关　　　　B. 空调开关
C. 点火开关　　　　D. 刮水器开关

【参考答案】C

563. 图示是什么踏板？
A. 加速踏板　　　　B. 离合器踏板
C. 制动踏板　　　　D. 驻车制动器

【参考答案】A

564. 图示是什么操纵装置？
A. 节气门操纵杆
B. 驻车制动器操纵杆
C. 变速器操纵杆
D. 离合器操纵杆

【参考答案】C

565. 图示是什么操纵装置？
A. 灯光、信号组合开关
B. 倒车灯开关
C. 刮水器开关
D. 危险报警闪光灯开关

【参考答案】A

566. 提拉图示的开关控制机动车哪个部位？
A. 倒车灯　　　　B. 左右转向灯
C. 示廓灯　　　　D. 报警闪光灯

【参考答案】B

567. 旋转开关图示的挡控制机动车哪个部位？
A. 左右转向灯　　　B. 近光灯
C. 前后雾灯　　　　D. 远光灯

【参考答案】C

568. 安全头枕在发生追尾事故时，能有效保护驾驶人的什么部位？

A．腰部　　　　　　B．胸部
C．颈部　　　　　　D．头部
【参考答案】C

569．机动车发生碰撞时座椅安全带主要作用是什么？
A．减轻驾乘人员伤害
B．保护驾乘人员腰部
C．保护驾乘人员颈部
D．保护驾乘人员胸部
【参考答案】A

570．机动车在紧急制动时ABS系统会起到什么作用？
A．切断动力输出　　B．自动控制方向
C．减轻制动惯性　　D．防止车轮抱死 
【参考答案】D

571．图示是什么操纵装置？
A．除雾器开关　　　B．转向灯开关
C．前照灯开关　　　D．刮水器开关 
【参考答案】D

572．图示是什么操纵装置？
A．除雾器开关　　　B．转向灯开关
C．前照灯开关　　　D．刮水器开关 
【参考答案】A

573．图示的开关控制机动车哪个部位？
A．风窗玻璃除雾器
B．风窗玻璃刮水器
C．危险报警闪光灯
D．照明、信号装置 
【参考答案】B

574．防抱死制动系统（ABS）在什么情况下可以最大限度发挥制动器效能？
A．间歇制动
B．持续制动
C．缓踏制动踏板
D．紧急制动
【参考答案】D

575．安全气囊是一种什么装置？
A．驾驶人头颈保护系统
B．防抱死制动系统
C．电子制动力分配系统
D．辅助驾乘人员保护系统
【参考答案】D

576．在图示的情况下通过前方路口，应该怎么行驶？
A．减速或停车避让行人
B．加速通过
C．赶在行人前通过
D．靠左侧行驶 
【参考答案】A

577．遇到前方车辆停车排队或者缓慢行驶时，强行穿插，以下说法正确的是什么？
A．允许，因为可以省油
B．允许，因为可以快速地通过拥堵区
C．禁止，因为这样扰乱车流，加重拥堵

D. 禁止，因为这样不利于省油

【参考答案】C

578．当您即将通过交叉路口的时候，才意识到要左转而不是向前，以下说法正确的是什么？

A. 停在交叉路口，等待安全时左转
B. 继续向前行驶
C. 在确保安全的情况下，倒车然后左转
D. 以上说法都不正确

【参考答案】B

579．正面安全气囊与什么配合才能充分发挥保护作用？

A. 座椅安全带
B. 防抱死制动系统
C. 座椅安全头枕
D. 安全玻璃

【参考答案】A

580．大雾天行车，多鸣喇叭是为了什么？

A. 引起对方注意，避免发生危险
B. 催促前车提速，避免发生追尾
C. 准备超越前车
D. 催促前车让行

【参考答案】A

581．在图示的情况下通过路口，交替使用远近光灯的目的是什么？

A. 提示其他交通参与者注意来车
B. 检查灯光是否能正常使用
C. 准备变更车道
D. 超车前提示前车

【参考答案】A

582．机动车向左转弯、向左变更车道，驶离停车地点及掉头时，提前开启左转向灯是为了什么？

A. 提示前车，将要向左变更行驶路线
B. 提示前车，将要向右变更行驶路线
C. 提示后车，将要向左变更行驶路线
D. 提示后车，将要向右变更行驶路线

【参考答案】C

583．机动车驶近急弯、坡道顶端等影响安全视距的路段时，减速慢行并鸣喇叭示意是为了什么？

A. 提示前车后方车辆准备超车
B. 提示对向交通参与者我方有来车
C. 避免行至坡道顶端车辆动力不足
D. 测试喇叭是否能正常使用

【参考答案】B

584．路口转弯过程中，持续开启转向灯，主要是因为什么？

A. 完成转弯动作前，关闭转向灯是习惯动作
B. 让其他驾驶人知道您正在转弯
C. 让其他驾驶人知道您正在超车
D. 完成转弯动作前，关闭转向灯会对车辆造成损害

【参考答案】B

585．在图示的情况下跟车行驶，不能使用远光灯的原因是什么？

A. 不利于看清远方的路况
B. 不利于看清车前的路况
C. 会影响前车驾驶人的视线
D. 会影响自己的视线

【参考答案】C

586．关于机动车灯光的使用，以下说法正确的是什么？

A. 机动车灯光的作用仅仅是为了在夜间照明

B. 机动车灯光一个重要的作用是提示其他机动车驾驶人和行人

C. 夜间驾驶机动车在照明条件良好的路段可以不使用灯光

D. 夜间驾驶机动车在照明条件良好的路段必须使用远光灯

【参考答案】B

587. 当车辆驶近图示的路口时，以下说法错误的是什么？

A. 右前方路口视野受阻，如有突然冲出车辆，容易引发事故

B. 为避免车辆从路口突然冲出引发危险，应适当降低车速

C. 因为视野受阻，应鸣喇叭提醒侧方道路来车

D. 本车有优先通行权，可加速通过

【参考答案】D

588. 在图示的同向三车道高速公路上行车，车速为115km/h应在哪条行车道上行驶？

A. 最左侧行车道

B. 中间行车道

C. 最右侧行车道

D. 哪条都行

【参考答案】A

589. 机动车在图示的道路上行驶，在道路中间通行的原因是什么？

A. 在道路中间通行速度快

B. 在道路中间通行视线好

C. 给两侧的非机动车和行人留有充足的通行空间

D. 防止车辆冲出路外

【参考答案】C

590. 在图示的情况下驶近路口，车辆可以怎么行驶？

A. 只能直行　　B. 左转或者直行
C. 左转或右转　D. 直行或右转

【参考答案】B

591. 当A车后方有执行任务的救护车驶来时，以下做法正确的是什么？

A. 立即停车让路

B. 向左转弯让路

C. 靠右减速让路

D. 不必理会，继续行驶

【参考答案】C

592. 驾驶机动车向右变更车道前应仔细观察右侧车道车流情况的原因是什么？

A. 准备抢行

B. 判断有无变更车道的条件

C. 迅速变更车道

D. 准备迅速停车

【参考答案】B

593. 驾驶机动车变更车道为什么要提前开启转向灯？

A. 提示前车让行

B. 提示行人让行

C. 开阔视野，便于观察路面情况
D. 提示其他车辆我方准备变更车道
【参考答案】D

594. 在图示的超车过程中，遇对向有来车时要放弃超车是因为什么？
A. 如继续超车，易与对面机动车发生刮擦、相撞
B. 前车车速快
C. 对向来车车速快
D. 我方车辆提速太慢
【参考答案】A

595. 在图示的高速公路最左侧车道行驶，想驶离高速公路，以下说法正确的是什么？
A. 立即减速后右变更车道
B. 找准机会一次变更到最右侧车道
C. 每次变更一条车道，直到最右侧车道
D. 为了快速变更车道，可以加速超越右侧车辆后变更车道
【参考答案】C

596. 驾驶机动车正在被其他车辆超越时，被超车辆减速靠右侧行驶的目的是什么？
A. 以便随时停车
B. 给该车让出足够的超车空间
C. 避让行人与非机动车
D. 以上选项都不正确
【参考答案】B

597. 在图示的情况下不能够超车的原因是什么？
A. 前车速度过快
B. 我方车速不足以超越前车
C. 路中心为黄线
D. 前车正在超车
【参考答案】D

598. 超车需从前车左侧超越，以下说法正确的是什么？
A. 便于观察，有利于安全
B. 右侧为快速车道
C. 左侧为慢速车道
D. 我国实行左侧通行原则
【参考答案】A

599. 在图示的情况下通过交叉路口时，不得超车的原因是什么？
A. 路口有交通监控设备
B. 路口设有信号灯
C. 路口内交通情况复杂，易发生交通事故
D. 机动车速度慢，不足以超越前车
【参考答案】C

600. 夜间行车，可选择下列哪个地段超车？
A. 交叉路口　　B. 窄路窄桥
C. 路宽车少　　D. 弯道陡坡
【参考答案】C

601. 牵引发生故障的机动车时，最高车速不得超过多少？
A. 20km/h　　B. 30km/h
C. 40km/h　　D. 50km/h
【参考答案】B

602. 为什么规定辅路车让主路车先行？
A. 主路车流量大、速度快
B. 辅路车便于观察
C. 主路车流量小、速度快
D. 辅路车速度快
【参考答案】A

603. 图示的哪种情况可以超车？
A. 50a　　　B. 50b
C. 50c　　　D. 50d

【参考答案】C

604. 图示的哪种情况可以超车？
A. 51a　　　B. 51b
C. 51c　　　D. 51d

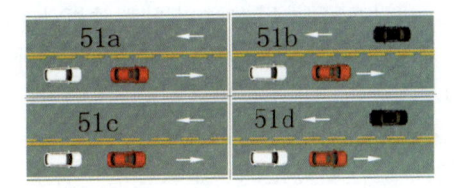

【参考答案】A

605. 遇前方路段车道减少，车辆行驶缓慢，为保证安全有序应该怎样做？
A. 依次交替通行
B. 穿插到前方排队车辆中通过
C. 加速从前车左右超越
D. 借对向车道迅速通过

【参考答案】A

606. 交叉路口不得倒车的原因是什么？
A. 交通情况复杂，容易造成交通堵塞甚至引发事故
B. 交通监控设备多
C. 交通警察多
D. 车道数量少

【参考答案】A

607. 交通肇事致一人以上重伤，负事故全部或者主要责任，并具有下列哪种行为的，构成交通肇事罪？
A. 未带驾驶证
B. 未报警
C. 无驾驶资格驾驶机动车辆的
D. 未抢救受伤人员

【参考答案】C

608. 在以下路段不能倒车的是什么？
A. 交叉路口
B. 隧道
C. 急弯
D. 以上皆是

【参考答案】D

609. 交通肇事致一人以上重伤，负事故全部或者主要责任，并具有下列哪种行为的，构成交通肇事罪？
A. 未带驾驶证
B. 酒后、吸食毒品后驾驶机动车辆的
C. 未报警
D. 未抢救受伤人员

【参考答案】B

610. 交通肇事致一人以上重伤，负事故全部或者主要责任，并具有下列哪种行为的，构成交通肇事罪？
A. 未带驾驶证
B. 未及时报警
C. 严重超载驾驶的
D. 未抢救受伤人员

【参考答案】C

611. 交通肇事致一人以上重伤，负事故全部或者主要责任，并具有下列哪种行为的，构成交通肇事罪？
A. 未带驾驶证
B. 未报警
C. 为逃避法律追究逃离事故现场的
D. 未抢救受伤人员

【参考答案】C

612. 人行横道上禁止掉头的原因是什么？
A. 路段有监控设备
B. 人行横道禁止停车
C. 人行横道禁止车辆通行
D. 避免妨碍行人正常通行，确保行人安全

【参考答案】D

613. 驾驶人有下列哪种违法行为一次记6分？
A. 饮酒后驾驶机动车
B. 使用其他车辆行驶证
C. 车速超过规定时速50%以上
D. 违法占用应急车道行驶

【参考答案】D

614. 行至漫水路时，应当怎样做？
A. 空挡滑行
B. 低速通过涉水路段
C. 高速通过，减少涉水时间

D．高挡位低速通过
【参考答案】B

615．在涉水路段跟车行驶时，应当怎样做？
A．紧跟其后
B．并行通过
C．适当增加车距
D．超越前车，抢先通过
【参考答案】C

616．驾驶人驾驶机动车违反道路交通信号灯通行一次记多少分？
A．2分　　　　B．3分
C．6分　　　　D．12分
【参考答案】C

617．有下列哪种违法行为的机动车驾驶人将被一次记6分？
A．驾驶与准驾车型不符的机动车
B．饮酒后驾驶机动车
C．驾驶机动车违反道路交通信号灯
D．未取得校车驾驶资格驾驶校车
【参考答案】C

618．路面上的白色标线是何含义？
A．车行道横向减速标线
B．道路施工提示标线
C．车行道纵向减速标线
D．车道变少提示标线
【参考答案】A

619．路面上的黄色填充标线是何含义？
A．接近移动障碍物标线
B．远离狭窄路面标线
C．接近障碍物标线
D．接近狭窄路面标线
【参考答案】C

620．有下列哪种违法行为的机动车驾驶人将被一次记12分？
A．驾驶故意污损号牌的机动车上道路行驶
B．机动车驾驶证被暂扣期间驾驶机动车的
C．以隐瞒、欺骗手段补领机动车驾驶证的
D．驾驶机动车不按照规定避让校车的
【参考答案】A

621．已注册登记的小型载客汽车有下列哪种情形，所有人不需要办理变更登记？
A．机动车更换发动机
B．加装前后防撞装置
C．改变车身颜色
D．更换车身或者车架
【参考答案】B

622．图示标志是何含义？
A．解除3m限宽
B．限制高度为3m
C．预告宽度为3m
D．限制宽度为3m
【参考答案】D

第2部分 科目四

第3章 科目四 判断题

1. 驾驶机动车向左变更车道遇到图示的情况要注意让行。

　　○对　　○错

【参考答案】对

2. 驾驶汽车在非禁鸣路段，遇复杂交通情况时可合理使用喇叭。

　　○对　　○错

【参考答案】对

3. 驾驶汽车在雨天起步前要使用刮水器。

　　○对　　○错

【参考答案】对

4. 驾驶装有安全气囊的汽车可以不系安全带。

　　○对　　○错

【参考答案】错

5. 驾驶机动车从辅路汇入主路车流时要迅速。

　　○对　　○错

【参考答案】错

6. 驾驶机动车汇入车流时不能影响其他机动车通行。

　　○对　　○错

【参考答案】对

7. 安全头枕要调整到与颈部平齐的高度。

　　○对　　○错

【参考答案】错

8. 机动车可以选择交叉路口进行倒车。

　　○对　　○错

【参考答案】错

9. 变更车道前确认后方无来车时可以不开转向灯变道。

　　○对　　○错

【参考答案】错

10. 机动车在路边起步后，应随时注意机动车两侧道路情况，向左缓慢转向，逐渐驶入正常行驶道路。

　　○对　　○错

【参考答案】对

11. 机动车不得在隧道中倒车。

　　○对　　○错

【参考答案】对

12. 出车前检查冷却液、发动机机油、燃油等是否有渗漏现象。

○对　　○错
【参考答案】对

13. 机动车在路边起步后应尽快提速，并向左迅速转向驶入正常行驶道路。
○对　　○错
【参考答案】错

14. 右侧标志预告距离高速公路东芦山服务区2km。
○对　　○错

【参考答案】对

15. 右侧标志提示前方200m是车距确认路段。
○对　　○错

【参考答案】对

16. 驾驶机动车在雨天起步前要使用刮水器。
○对　　○错
【参考答案】对

17. 路面中心黄虚线指示在保证安全的情况下可以越线超车。
○对　　○错

【参考答案】对

18. 前方标志指示路右侧是高速公路临时停车处。
○对　　○错

【参考答案】错

19. 发生车损事故应当自行撤离现场而未撤离，造成交通堵塞的，对机动车驾驶人处200元罚款；驾驶人有其他道路交通安全违法行为的，应当依法一并处罚。
○对　　○错
【参考答案】对

20. 当事双方约定前往理赔点处理事故，一方无故不到又不接受交管部门调查的，可以按交通肇事逃逸处理。
○对　　○错
【参考答案】对

21. 机动车之间发生财产损失事故，车辆没有购买保险的，可以到理赔点办理理赔手续。
○对　　○错
【参考答案】错

22. 通过手机微信、APP、支付宝、易行江城等方式处理车损事故，可以不用上传驾驶证、行驶证相片。
○对　　○错
【参考答案】错

23. 人保、平安保险承保的驾驶人，通过武汉交警交通事故快速处理平台在线处理负全责的车损事故时，可以在线办理车损理赔。
○对　　○错
【参考答案】对

24. 通过理赔中心办理保险理赔手续的，各方当事人应在事故发生后24h内，共同驾驶事故车辆至同一理赔中心办理。
○对　　○错
【参考答案】对

25. 驾驶机动车通过短而陡的上坡坡道时，采用加速冲坡的方法，在接近坡顶时应提前松开加速踏板，利用惯性冲过坡顶。
○对　　○错
【参考答案】对

26. 驾驶机动车遇浓雾或沙尘暴时，行驶速度不要过慢，避免后方来车追尾。
○对　　○错
【参考答案】错

27. 驾驶机动车在高速公路意外碰撞护栏时，应迅速向相反方向转向修正。
○对　　○错

【参考答案】错

28．雾天行车开启雾灯是因为雾灯放射的灯光具有更好的穿透力，更容易让道路中其他车辆驾驶人注意到自己的车辆。
　　〇对　　〇错
【参考答案】对

29．在路口掉头时，只要不妨碍行人通行可以在人行横道完成掉头。
　　〇对　　〇错
【参考答案】错

30．浓雾中行车听到对方车辆鸣喇叭时，只要视野中看不到，可不必理会。
　　〇对　　〇错
【参考答案】错

31．在泥泞路段行车，要平稳地转动转向盘，避免由于快速转动转向盘而引起侧滑。
　　〇对　　〇错
【参考答案】对

32．车辆在泥泞路段起步或者陷住时，切忌选择急加速。
　　〇对　　〇错
【参考答案】对

33．车辆在泥泞路段发生侧滑时，要向车尾侧滑方向缓打转向盘修正。
　　〇对　　〇错
【参考答案】对

34．驾驶机动车通过短而陡的上坡坡道时，采用加速冲坡的方法，在接近坡顶时应提前松开加速踏板，利用惯性冲过坡顶。
　　〇对　　〇错
【参考答案】对

35．驾驶机动车在居民小区遇到这种情形要连续鸣喇叭，示意行人让路。
　　〇对　　〇错

【参考答案】错

36．机动车在路边起步后，应随时注意机动车两侧道路情况，向左缓慢转向，逐渐驶入正常行驶道路。
　　〇对　　〇错
【参考答案】对

37．驾驶机动车在山区道路应紧跟前车之后行驶。
　　〇对　　〇错
【参考答案】错

38．在图示的情况下，应该减速慢行。
　　〇对　　〇错

【参考答案】对

39．驾驶机动车通过小区遇到图示的情况，应减速行驶，随时准备停车。
　　〇对　　〇错

【参考答案】对

40．驾驶机动车在图示的路段遇前方两车交会应及时减速。
　　〇对　　〇错

【参考答案】对

41．驾驶机动车驶出图示的环岛时，应先驶入最右侧车道，不用开启转向灯驶离即可。
　　〇对　　〇错

【参考答案】错

42．在图示的情况下，B车优先通行。

○对　　○错

【参考答案】错

43．驾驶机动车在转弯之前应留意旁边行驶的自行车，因为自行车比较小，不太容易被看到。

○对　　○错

【参考答案】对

44．行车中遇牲畜通过道路影响通行时，可采取连续鸣喇叭的方式进行驱赶。

○对　　○错

【参考答案】错

45．驾驶机动车行驶至图示的路段时，应当提前减速慢行，注意前方可能出现的行人及车辆。

○对　　○错

【参考答案】对

46．驾驶机动车行驶至图示的路段时，应当减速靠右侧行驶。

○对　　○错

【参考答案】对

47．驾驶机动车在公交车站遇到图示的情况要迅速向左变更车道绕行。

○对　　○错

【参考答案】错

48．在图示的情况下要注意右侧的非机动车。

○对　　○错

【参考答案】对

49．在图示的情况下可以在公交车站临时停车。

○对　　○错

【参考答案】错

50．图示的驾驶机动车进入该居民小区，车速不能超过5km/h。

○对　　○错

【参考答案】对

51．驾驶机动车在图示的路口前遇黄灯亮时，应停车等待。

○对　　○错

【参考答案】对

52．在图示的路口掉头时，应提前开启左转向灯进入导向车道，不得妨碍行人和其他车辆正常通行。

○对　　○错

【参考答案】对

53．只要没有警察在场就可以在图示的地点停车。

○对　　○错

【参考答案】错

54．在路口掉头时，可以不避让直行车辆。
　○对　　○错
【参考答案】错

55．在路口掉头时，为了保证通畅，应加速迅速完成掉头。
　○对　　○错
【参考答案】错

56．红色汽车在图示的地点停车等候是违法行为。
　○对　　○错

【参考答案】对

57．隧道中可以临时停车休息一会儿，避免疲劳驾驶。
　○对　　○错
【参考答案】错

58．在图示的情况下要充分减速靠右行驶。
　○对　　○错

【参考答案】对

59．机动车行经视线受阻的急弯路段时，如遇对方车辆鸣喇叭示意，也应当及时鸣喇叭进行回应。
　○对　　○错
【参考答案】对

60．在立交桥上可以临时停车。
　○对　　○错
【参考答案】错

61．夜间临时停车时，只要有路灯就可以不开危险报警闪光灯。
　○对　　○错
【参考答案】错

62．驾驶机动车在图示的狭窄路段会车，驾驶人应当减速靠右并保持安全横向距离。
　○对　　○错

【参考答案】对

63．在狭窄的坡路会车，如遇下坡车不减速、不让行，应持续鸣喇叭迫使其停车让行。
　○对　　○错
【参考答案】错

64．当感觉与对向驶来的车辆会有会车困难的时候，应及时减速靠边行驶，或停车让行。
　○对　　○错
【参考答案】对

65．在图示的情况下可以借用快速车道超车。
　○对　　○错

【参考答案】对

66．可以选择下坡路段超车。
　○对　　○错
【参考答案】错

67．驾驶机动车在会车过程中遇到图示的情况，应当持续鸣喇叭并提高车速迫使其驶回原车道。
　○对　　○错

【参考答案】错

68．当与图示的对向车辆有会车可能时，不得超车。
　○对　　○错

【参考答案】对

69．雪天行车，由于路面湿滑，车轮附着力减小，因此应当加大两车之间的安全距离。
　○对　　○错

【参考答案】对

70．驾驶机动车在高速公路加速车道提速到60km/h以上时，可直接驶入行车道。
　○对　　○错

【参考答案】错

71．驾驶机动车驶入高速公路加速车道后，应迅速将车速提高到100km/h以上。
　○对　　○错

【参考答案】错

72．图示的情况，若车后50m范围内无其他车辆，可以不打转向灯变更车道。
　○对　　○错

【参考答案】错

73．雪天行车，车轮的附着力大大减小，跟车距离不是主要的，只需要保持低速行驶便可以防止事故发生。
　○对　　○错

【参考答案】错

74．多车跟车行驶，为避免追尾事故发生应至少观察前方2~3辆车，从而能对减速或停车具有预见性。
　○对　　○错

【参考答案】对

75．前方遇有大型拉土（石）货车，应当尽量远离，避让。
　○对　　○错

【参考答案】对

76．起步时图示的灯亮起表示驻车制动（手刹）放下。
　○对　　○错

【参考答案】错

77．驾驶机动车驶入高速公路加速车道后，应迅速将车速提高到100km/h以上。
　○对　　○错

【参考答案】错

78．夜间行车时，全车灯光突然熄灭，应当立即迅速制动，靠边停车。
　○对　　○错

【参考答案】错

79．机动车涉水后，制动器的制动效果不会改变。
　○对　　○错

【参考答案】错

80．道路危险货物运输驾驶人员、装卸人员和押运人员必须了解所运载的危险化学品的性质、危害特性、包装容器的使用特性和发生意外时的应急措施。
　○对　　○错

【参考答案】对

81．扑救易散发腐蚀性蒸气或有毒气体的火灾时，扑救人员应穿戴防毒面具和相应的防护用品，站在上风处施救。
　○对　　○错

【参考答案】对

82．车辆在路边起步后，应随时注意车辆两侧道路情况，向左缓慢转向，逐渐驶入正常行驶的车道。
　○对　　○错

【参考答案】对

83．轮胎气压过高或过低都容易导致爆胎。
　○对　　○错

【参考答案】对

84．出车前检查刮水器时，应尽量在干燥状态下进行。
　　○对　　○错
【参考答案】错

85．危险化学品具有爆炸、易燃、毒害、腐蚀、放射性等特性。
　　○对　　○错
【参考答案】对

86．腐蚀品着火时，不能用水柱直接喷射扑救。
　　○对　　○错
【参考答案】对

87．易燃液体一旦发生火灾，要及时用水扑救。
　　○对　　○错
【参考答案】错

88．伤员骨折处出血时，先固定好肢体再进行止血和包扎。
　　○对　　○错
【参考答案】错

89．移动脊柱骨折的伤员，切勿扶持伤者走动，可用软担架运送。
　　○对　　○错
【参考答案】错

90．伤员骨折处出血时，要先固定，然后止血和包扎伤口。
　　○对　　○错
【参考答案】错

91．对无骨端外露的骨折伤员肢体固定时，要超过伤口上下关节。
　　○对　　○错
【参考答案】对

92．伤员大腿、小腿和脊椎骨折时，一般不要随便移动伤者。
　　○对　　○错
【参考答案】对

93．为防止有害气体中毒伤员继续中毒，首先将伤员转移到空气新鲜的地方。
　　○对　　○错
【参考答案】对

94．救助失血过多出现休克的伤员要采取保暖措施。
　　○对　　○错
【参考答案】对

95．在紧急情况下为伤员止血时，须先用压迫法止血后再根据出血情况改用其他止血法。
　　○对　　○错
【参考答案】对

96．救助全身燃烧伤员可以采取向身上喷冷水灭火的措施。
　　○对　　○错
【参考答案】对

97．烧伤伤员口渴时，只能喝白开水。
　　○对　　○错
【参考答案】错

98．烧伤伤员口渴时，可喝少量的淡盐水。
　　○对　　○错
【参考答案】对

99．在没有绷带急救伤员的情况下，可用毛巾、手帕、床单、长筒尼龙袜子等代替绷带包扎。
　　○对　　○错
【参考答案】对

100．抢救昏迷失去知觉的伤员要在抢救前先检查呼吸。
　　○对　　○错
【参考答案】对

101．搬运昏迷失去知觉的伤员要采取仰卧位。
　　○对　　○错
【参考答案】错

102．机动车因故障不能离开高速公路时，驾乘人员要在车上等候救援。
　　○对　　○错
【参考答案】错

103．在高速公路上除遇障碍、发生故障等必须停车外，不准停车上下人员或者装卸货物。
　　○对　　○错
【参考答案】对

104．受伤者在车内无法自行下车时，可设法将其从车内移出，尽量避免二次受伤。
　　○对　　○错
【参考答案】对

105．遇伤者被压于车轮或货物下时，要立即拉曳伤者的肢体将其拖出。
　　○对　　○错
【参考答案】错

106. 在高速公路上遇到紧急情况时不要轻易急转向避让。
○对　○错
【参考答案】对

107. 机动车在高速公路上，因故障不能离开行车道时，可在行车道上迅速抢修。
○对　○错
【参考答案】错

108. 高速公路上，机动车因故障暂时不能离开应急车道或路肩时，驾乘人员要下车在路边等候，但不得离开高速公路。
○对　○错
【参考答案】错

109. 雾天在高速公路上发生事故后，车上人员不要随便下车行走。
○对　○错
【参考答案】错

110. 驾驶客车遇非常情况或者发生事故时，要力所能及的将损失降到最低限度，决不能因紧急避险造成二次事故或更大的损失。
○对　○错
【参考答案】对

111. 机动车转弯时速度过快，容易发生侧滑。
○对　○错
【参考答案】对

112. 机动车在行驶中，遇雨雪天气向右侧滑时，要向左打方向，使其稳定。
○对　○错
【参考答案】错

113. 在泥泞路行车中发生侧滑时，要向后轮侧滑的方向转动转向盘适量修正。
○对　○错
【参考答案】对

114. 驾驶机动车在冰雪路面发生侧滑时，要猛打方向调整。
○对　○错
【参考答案】错

115. 制动时后车轮抱死可能会出侧滑甩尾的情况。
○对　○错
【参考答案】对

116. 制动时前车轮抱死会出现丧失转向能力的情况。
○对　○错
【参考答案】对

117. 救火时不要脱去所穿的化纤服装，以免伤害暴露的皮肤。
○对　○错
【参考答案】错

118. 机动车电器、汽油着火后可用水来熄灭。
○对　○错
【参考答案】错

119. 雨天避免"水滑"现象的有效方法就是保持高速行驶。
○对　○错
【参考答案】错

120. 雨天在高速公路行车，为避免发生"水滑"现象而造成方向失控，要降低车速。
○对　○错
【参考答案】对

121. 机动车落水后，只有在水快浸满车厢时，才有可能开启车门或摇下车窗玻璃逃生。
○对　○错
【参考答案】对

122. 机动车落水后，要迅速关闭车窗阻挡车内进水，短暂闭绝空气，可打电话告知救援人员失事地点，等待救援。
○对　○错
【参考答案】错

123. 救火时不要张嘴呼吸或高声呐喊，以免烟火灼伤上呼吸道。
○对　○错
【参考答案】对

124. 发动机着火时，要迅速关闭发动机，开启发动机罩进行灭火。
○对　○错
【参考答案】错

125. 高速公路行车发生火灾时，要将机动车驶进服务区或停车场灭火。
○对　○错
【参考答案】错

126. 机动车发生火灾时，要设法将机动车停在远离城镇、建筑物、树木、机动车及易燃物的空旷地带。
○对　○错
【参考答案】对

127．下坡路制动失效后，若无可利用的地形和时机，应迅速逐级或越一级减挡，利用发动机制动作用控制车速。
○对　　○错
【参考答案】对

128．下坡路制动失效后，驾驶人应立即寻找并冲入紧急避险车道；停车后，拉紧驻车制动器操纵杆，以防溜动发生二次险情。
○对　　○错
【参考答案】对

129．出现制动失效后，要首先控制方向，再设法控制车速。
○对　　○错
【参考答案】对

130．下坡路制动失效后，要迅速逐级或越一级减挡，利用发动机制动作用控制车速。
○对　　○错
【参考答案】对

131．下坡路制动失效后，在不得已的情况下，可用车身侧面擦撞山坡，迫使机动车减速停车。
○对　　○错
【参考答案】对

132．当机动车已偏离直线行驶方向，事故已经无可避免时，应果断地连续踏制动踏板，尽量缩短停车距离，减轻撞车力度。
○对　　○错
【参考答案】对

133．高速行驶的机动车，在转向失控的情况下紧急制动，很容易造成翻车。
○对　　○错
【参考答案】对

134．机动车转向突然失控后，若前方道路条件能够保持直线行驶，不要紧急制动。
○对　　○错
【参考答案】对

135．机动车在高速公路意外撞击护栏时，要稳住方向，适当修正，切忌猛转转向盘。
○对　　○错
【参考答案】对

136．机动车在高速公路意外撞击护栏时，有效的保护措施是向相反方向大幅度转向。
○对　　○错
【参考答案】错

137．行车中发动机突然熄火后不能起动时，及时靠边停车检查熄火原因。
○对　　○错
【参考答案】对

138．行车途中发动机突然熄火，不能继续起动时要采取紧急制动措施，迫使机动车迅速停住。
○对　　○错
【参考答案】错

139．高速行驶的机动车，在转向失控的情况下紧急制动，不会造成翻车。
○对　　○错
【参考答案】错

140．装有转向助力装置的机动车，驾驶人突然发现转向困难，操作费力，要紧握转向盘保持低速行驶。
○对　　○错
【参考答案】错

141．行车中当驾驶人意识到机动车爆胎时，应在控制住方向的情况下采取紧急制动，迫使机动车迅速停住。
○对　　○错
【参考答案】错

142．机动车发生爆胎后，驾驶人在尚未控制住车速前，不要冒险使用行车制动器停车，以避免机动车横甩发生更大的险情。
○对　　○错
【参考答案】对

143．驾驶人发现轮胎漏气，将机动车驶离主车道时，不要采用紧急制动，以免造成翻车或后车采取制动不及时导致追尾事故。
○对　　○错
【参考答案】对

144．在高速公路上遇到紧急情况时不要轻易急转向避让。
○对　　○错
【参考答案】对

145．机动车在高速行驶时，前面扬起的飞石或是遗撒物将风窗玻璃击裂，造成视线模糊不清的状况下，驾驶人要逐渐降低车速、开启危险报警闪光灯并将机动车移至不妨碍交通的地点。

○对　○错
【参考答案】对

146．车速较高，前方发生紧急情况时，要先转方向避让，再采取制动减速，以减小碰撞损坏程度。

○对　○错
【参考答案】错

147．驾驶人行车中意识到爆胎时，要轻踏制动踏板，缓慢减速停车。

○对　○错
【参考答案】对

148．避免机动车爆胎的正确做法是降低轮胎气压。

○对　○错
【参考答案】错

149．行车中当突然爆胎时，驾驶人要双手紧握转向盘，尽力控制机动车直线行驶。

○对　○错
【参考答案】对

150．行车中当机动车突然爆胎时，驾驶人切忌慌乱中急踏制动踏板，尽量采用抢挂低速挡的方法，利用发动机制动使机动车减速。

○对　○错
【参考答案】对

151．遇高速公路限速标志标明的车速与车道行驶车速的规定不一致的，应按照车道行驶规定的车速行驶。

○对　○错
【参考答案】错

152．在高速公路上，遇尾随较近行驶的机动车时，可以选择时机迅速从中间插入。

○对　○错
【参考答案】错

153．机动车在高速公路匝道提速到60km/h以上时，可直接驶入行车道。

○对　○错
【参考答案】错

154．驾驶机动车驶离高速公路要经过减速车道减速后进入匝道。

○对　○错
【参考答案】对

155．高速公路安全距离确认路段用于确认车速在100km/h时的安全距离。

○对　○错
【参考答案】对

156．驾驶机动车从加速车道汇入行车道有困难时可停车让行。

○对　○错
【参考答案】错

157．在高速公路上驾驶机动车不要频繁地变更车道。

○对　○错
【参考答案】对

158．驾驶机动车进入高速公路加速车道后再开启左转向灯。

○对　○错
【参考答案】错

159．驾驶机动车到达隧道出口时要握稳转向盘，预防出口处的强横向风。

○对　○错
【参考答案】对

160．驾驶机动车进入隧道口前按照隧道口标志上规定的速度调整车速。

○对　○错

【参考答案】对

161．驾驶机动车从加速车道进入行车道不能影响其他机动车正常行驶。

○对　○错
【参考答案】对

162．驾驶机动车在高速公路匝道上不准停车。

○对　○错
【参考答案】对

163．驾驶机动车看到这个标志时，将车速迅速提高到40km/h以上。

○对　　○错

【参考答案】错

164. 驾驶机动车遇到这种情况可迅速从前车左侧超越。

○对　　○错

【参考答案】错

165. 机动车在高速公路上发生故障或者交通事故，无法正常行驶的，可由同行机动车拖曳、牵引。

○对　　○错

【参考答案】错

166. 涉水驾驶要保持车速均匀有足够动力，避免停留。

○对　　○错

【参考答案】对

167. 机动车驶离高速公路进入匝道后，要使车速降到限定时速以下。

○对　　○错

【参考答案】对

168. 机动车在高速公路上行车，如果因疏忽驶过出口，可沿路肩倒车退回出口处。

○对　　○错

【参考答案】错

169. 行驶在高速公路上遇大雾视线受阻时，要立即紧急制动停车。

○对　　○错

【参考答案】错

170. 驾驶机动车通过漫水路时驾驶人要挂低速挡匀速通过。

○对　　○错

【参考答案】对

171. 漫水道路行车时，要挂高速挡，快速通过。

○对　　○错

【参考答案】错

172. 泥泞路对安全行车的影响是车轮极易空转和侧滑。

○对　　○错

【参考答案】对

173. 如果遇到较强横风，感觉机动车产生横向偏移时，要握紧转向盘并紧急制动。

○对　　○错

【参考答案】错

174. 机动车涉水后，驾驶人要间断轻踩制动踏板，以恢复制动效能。

○对　　○错

【参考答案】对

175. 在泥泞路段行车要牢牢握住转向盘加速通过。

○对　　○错

【参考答案】错

176. 机动车在泥泞路段后轮发生侧滑时，要将转向盘向侧滑的相反方向缓转修正。

○对　　○错

【参考答案】错

177. 大风天气行车中，如果遇到狂风袭来，感觉机动车产生横向偏移时，要急转方向以恢复行驶方向。

○对　　○错

【参考答案】错

178. 驾驶机动车在雾天行车要开启雾灯。

○对　　○错

【参考答案】对

179. 大雾天气能见度低，开启远光灯会提高能见度。

○对　　○错

【参考答案】错

180. 由于冰雪路面不能使用紧急制动，遇到突然情况可采取急转向的方法躲避。

○对　　○错

【参考答案】错

181. 在积雪覆盖的冰雪路行车时，可根据路边树木、电杆等参照物判断行驶路线。

○对　　○错

【参考答案】对

182. 驾驶机动车在大雾天临时停车后，只开启雾灯和近光灯。
○对　　○错
【参考答案】错

183. 雾天公路行车可多使用喇叭引起对向注意；听到对向机动车鸣喇叭，也要鸣喇叭回应。
○对　　○错
【参考答案】对

184. 在雪天临时停车要开启前照灯和雾灯。
○对　　○错
【参考答案】错

185. 冰雪路面处理情况不能使用紧急制动，但可采取急转向的方法躲避。
○对　　○错
【参考答案】错

186. 雪天行车中，在有车辙的路段要循车辙行驶。
○对　　○错
【参考答案】对

187. 在冰雪道路上行车时，机动车的稳定性降低，加速过急时车轮易空转或溜滑。
○对　　○错
【参考答案】对

188. 冰雪道路行车，由于积雪对光线的反射，极易造成驾驶人炫目。
○对　　○错
【参考答案】对

189. 在雨天湿滑路面行车要尽量避免紧急制动。
○对　　○错
【参考答案】对

190. 夜间驾驶汽车在急弯道停车时要开启危险报警闪光灯。
○对　　○错
【参考答案】错

191. 夜间在图示的情况下跟车，要注意观察前车信号灯的变化，随时做好减速或停车的准备。
○对　　○错
【参考答案】对

192. 夜间会车遇到图示的情况，要警惕两车前照灯交汇处（视线盲区）的危险。
○对　　○错
【参考答案】对

193. 夜间行车，后方车辆提示超车，前方遇到图示的情况时不能盲目让超。
○对　　○错
【参考答案】对

194. 雨天超车要开启前照灯，连续鸣喇叭迅速超越。
○对　　○错
【参考答案】错

195. 在大雨天行车，为避免发生"水滑"而造成危险，要控制车速行驶。
○对　　○错
【参考答案】对

196. 夜间驾驶汽车在急弯道超车时要不断变换远、近光灯。
○对　　○错
【参考答案】错

197. 驾驶汽车可以在图示的急弯处超车。
○对　　○错

科目四 判断题 第3章

【参考答案】错

198. 在山区道路跟车行驶的距离要比平路时大。
　　○对　　○错

【参考答案】对

199. 驾驶机动车通过图示的山区道路要靠路中心行驶。
　　○对　　○错

【参考答案】错

200. 驾驶机动车在山区道路遇到图示的情况要加速超越前车。
　　○对　　○错

【参考答案】错

201. 驾驶机动车通过图示的傍山险路要靠左侧行驶。
　　○对　　○错

【参考答案】错

202. 驾驶机动车通过图示的傍山险路要靠右侧行驶。

【参考答案】对

203. 驾驶机动车在图示的情况下要加速冲过坡顶。
　　○对　　○错

【参考答案】错

204. 驾驶机动车遇到图示的道路，可充分利用空挡滑行。
　　○对　　○错

【参考答案】错

205. 驾驶机动车在图示的情况下临时停车后，为避免机动车后溜可将转向盘向右转。
　　○对　　○错

【参考答案】对

206. 驾驶机动车在图示的情况下临时停车后，为避免机动车后溜可将转向盘向左转。
　　○对　　○错

【参考答案】对

207. 驾驶机动车遇到图示的道路要提前减速减挡，利用发动机制动控制速度。
○对　○错

【参考答案】对

208. 驾驶机动车遇到图示的道路要提前减挡，以保持充足动力。
○对　○错

【参考答案】对

209. 因故障在山区下坡路段长时间停车时，要用图示的办法塞住车轮。
○对　○错

【参考答案】对

210. 因故障山区上坡路段长时间停车时，要用图示的办法塞住车轮。
○对　○错

【参考答案】错

211. 驾驶机动车在图示的对向没有来车的情况下可以超车。
○对　○错

【参考答案】错

212. 遇到图示的跨江、河、海大桥时，可能会遇到横风，要控制好方向。
○对　○错

【参考答案】对

213. 驾驶机动车在图示的情况下要减速慢行。
○对　○错

【参考答案】对

214. 驾驶人频繁变更车道不属于驾驶陋习。
○对　○错

【参考答案】错

215. 驾驶机动车时，长时间左臂搭在车门窗上，或者长时间右手抓住变速器操纵杆球头，是一种驾驶陋习。
○对　○错

【参考答案】对

216. 驾驶机动车在这种隧道内要尽量靠左侧行驶。
○对　○错

【参考答案】错

217. 驾驶机动车遇到图示的情况要靠右侧停车等待。
○对　○错

【参考答案】对

218．变更车道或超车不开启转向灯属于违法行为。
○对　　○错
【参考答案】对

219．女驾驶人穿高跟鞋驾驶机动车，不利于安全行车。
○对　　○错
【参考答案】对

220．在正常行车中，尽量靠近中心线或压线行驶，不给对向机动车留有侵占行驶路线的机会。
○对　　○错
【参考答案】错

221．行车中不开转向灯强行并线是违法行为。
○对　　○错
【参考答案】对

222．驾驶人一边驾车，一边吸烟对安全行车无影响。
○对　　○错
【参考答案】错

223．驾驶汽车在交叉路口违法抢行容易引发交通事故。
○对　　○错
【参考答案】对

224．驾驶人边驾车，边打手持电话是违法行为。
○对　　○错
【参考答案】对

225．机动车行驶中遇有自行车借道通行时，可急促鸣喇叭示意让道。
○对　　○错
【参考答案】错

226．驾驶人在确认后方无来车的情况下，可以不开转向灯变更车道。
○对　　○错
【参考答案】错

227．驾驶机动车遇到成群青少年绕过路边停放的机动车时，要主动减速让行。
○对　　○错
【参考答案】对

228．驾驶机动车遇到骑自行车人占道影响通行时，可连续鸣喇叭加速从其左侧绕行。
○对　　○错

229．驾驶机动车遇到校车在道路右侧停车上下学生，同向只有三条机动车道时，左侧车道后方机动车应当停车等待。
○对　　○错
【参考答案】错

230．驾驶机动车遇到校车在道路右侧停车上下学生，同向有两条机动车道时，左侧车道后方机动车应当停车等待。
○对　　○错
【参考答案】对

231．驾驶机动车遇到校车在道路右侧停车上下学生，同向只有一条机动车道时，后方机动车应当停车等待。
○对　　○错
【参考答案】对

232．驾驶汽车遇到牲畜横穿抢道的情况，要及时鸣喇叭进行驱赶。
○对　　○错
【参考答案】错

233．驾驶机动车在图示的情况下要尽快加速通过。
○对　　○错

【参考答案】错

234．驾驶机动车在图示的路段要注意观察，随时避让横过道路的动物。
○对　　○错

【参考答案】对

235．驾驶机动车遇到图示的情况的行人可连续鸣喇叭催其让道。

○对　　○错

【参考答案】错

236. 突然出现图示的情况，驾驶人要及时减速或停车避让。

○对　　○错

【参考答案】对

237. 行车中对出现图示的行为的人不能礼让。

○对　　○错

【参考答案】错

238. 驾驶机动车遇到图示的情况时，要快速向左绕过。

○对　　○错

【参考答案】错

239. 行车中遇到图示的行人需要保持较大的安全距离。

○对　　○错

【参考答案】对

240. 驾驶机动车在图示的情况下要跟前车进入路口等待。

○对　　○错

【参考答案】错

241. 驾驶机动车在路口遇到图示的情况要随时准备停车礼让。

○对　　○错

【参考答案】对

242. 行车前应对机动车驾驶室、发动机舱、车外部、轮胎进行检查。

○对　　○错

【参考答案】对

243. 驾驶机动车的驾驶人不需要系安全带。

○对　　○错

【参考答案】错

244. 安装防抱死制动系统（ABS）的机动车紧急制动时，可用力踏制动踏板。

○对　　○错

【参考答案】对

245. 驾驶有ABS系统的机动车在紧急制动的同时转向可能会发生侧滑。

○对　　○错

【参考答案】对

246. 驾驶机动车遇到这种情形要迅速靠右侧减速让行。

○对　　○错

【参考答案】对

247. 如图所示，驾驶机动车看到路边有标

科目四　判断题　第3章

志时，表示前方接近学校区域，因此要提前减速注意观察。

○对　　○错

【参考答案】对

248．造成图示事故的主要原因是机动车未按规定避让行人。

○对　　○错

【参考答案】对

249．安装防抱死制动系统（ABS）的机动车制动时，制动距离会大大缩短。

○对　　○错

【参考答案】错

250．在图示能见度的情况下起步，要开启近光灯。

○对　　○错

【参考答案】对

251．机动车在路边起步后应尽快提速，并向左迅速转向驶入正常行驶道路。

○对　　○错

【参考答案】错

252．驾驶机动车在图示的情况下可以适当鸣喇叭加速通过。

○对　　○错

【参考答案】错

253．驾驶机动车在图示的环境条件下起步前要开启远光灯。

○对　　○错

【参考答案】错

254．驾驶机动车在雨天起步前要使用刮水器。

○对　　○错

【参考答案】对

255．驾驶机动车遇到图示的情况要停车让行。

○对　　○错

【参考答案】对

256．交通警察发出图示的手势信号时要减速慢行。

○对　　○错

【参考答案】对

257．交通警察发出图示的手势可以向左转弯。

○对　　○错

【参考答案】错

107

258．交通警察发出图示的姿势时可以直行通过。

○对　　○错

【参考答案】对

259．交通警察发出图示的手势信号可以直行通过。

○对　　○错

【参考答案】错

260．交通警察发出图示的手势信号可以向左转弯。

○对　　○错

【参考答案】对

261．图示交通警察发出的是右转弯手势信号。

○对　　○错

【参考答案】错

262．图示交通警察发出的是禁止通行手势信号。

○对　　○错

【参考答案】对

263．按照图示的红框内的标志，机动车应当在B区域内行驶。

○对　　○错

【参考答案】错

264．图示路中黄色斜线填充标记警告前方有固定性障碍物。

○对　　○错

【参考答案】对

265．图示路面白色反光虚线警告前方路段要减速慢行。

○对　　○错

【参考答案】对

266．图示红框内行驶车辆存在交通违法行为。

○对　　○错

【参考答案】对

267．图示路面菱形块虚线警告前方道路要减速慢行。

○对　　○错

科目四 判断题 第3章

【参考答案】对

268. 图示路面标记指示前方路口仅允许车辆向右转弯。
○对　○错

【参考答案】错

269. 图示路面标记指示前方路口禁止车辆掉头。
○对　○错

【参考答案】对

270. 图示路缘石的黄色实线指示路边允许临时停、放车辆。
○对　○错

【参考答案】错

271. 图示前方路口减速让行线表示要停车让干道车先行。
○对　○错

【参考答案】错

272. 图示前方路口停车让行线表示减速让干道车先行。

【参考答案】错

273. 图示路缘石上的黄色虚线指示路边不允许停车上下人员或装卸货物。
○对　○错

【参考答案】错

274. 图示路面同向车行道分界线指示不允许跨越超车。
○对　○错

【参考答案】对

275. 图示路中心黄色虚实线指示允许暂时越过超车。
○对　○错

【参考答案】对

276. 图示路中心黄色实虚线指示允许超车时越过。
○对　○错

【参考答案】错

277. 图示右侧路面标记表示可以暂时借用

超车。

○对　○错

【参考答案】错

278．图示路面同向车行道分界线指示允许跨越变换车道。

○对　○错

【参考答案】错

279．图示黄色斜线填充线指示该区域禁止进入或压线行驶。

○对　○错

【参考答案】对

280．图示路中心黄色双实线指示可以暂时跨越超车。

○对　○错

【参考答案】错

281．图示路面标记指示这段道路上最低限速为60km/h。

○对　○错

【参考答案】错

282．图示路面标记指示这段道路上最高限速为80km/h。

○对　○错

【参考答案】错

283．图示路面标记指示这段道路上最高限速为50km/h。

○对　○错

【参考答案】对

284．图示路面导向箭头提示前方道路右侧有路口。

○对　○错

【参考答案】错

285．图示路面导向箭头指示前方路口仅能掉头。

○对　○错

【参考答案】错

286．图示路面导向箭头指示前方路口可左转弯或掉头。

○对　○错

【参考答案】对

287．图示路面导向箭头指示前方路口仅可左转弯。

○对　　○错

【参考答案】错

288．图示路面导向箭头提示前方道路需向左合流。

○对　　○错

【参考答案】对

289．图示路面导向箭头指示前方道路仅可左右转弯。

○对　　○错

【参考答案】对

290．图示路面导向箭头指示在前方路口仅可右转弯。

○对　　○错

【参考答案】错

291．图示路面导向箭头指示在前方路口仅可直行。

○对　　○错

【参考答案】错

292．图示路面右侧白色矩形虚线框内表示允许长时间停车。

○对　　○错

【参考答案】错

293．图示路面右侧黄色矩形标线框内表示允许临时停车。

○对　　○错

【参考答案】错

294．图示路面导向箭头指示前方道路仅可左转。

○对　　○错

【参考答案】对

295．图示路面导向箭头指示前方道路仅可直行。

○对　　○错

【参考答案】对

296．图示路面允许沿着图中箭头方向驶入高速公路行车道。

○对　　○错

【参考答案】错

297．图示路面上的出口标线用于引导驶出该高速公路。

○对　　○错

【参考答案】对

298．图示高速公路两侧白色半圆状的间隔距离是50m。

○对　　○错

【参考答案】对

299．图示路面可变导向车道线指示可以随意选择通行方向。

○对　　○错

【参考答案】错

300．进入图示交叉口前，车辆不允许跨越白色实线变更车道。

○对　　○错

【参考答案】对

301．图示高速公路上的白色折线为行车中判断行车速度提供参考。

○对　　○错

【参考答案】错

302．图示路面上菱形标识预告前方道路设置人行横道。

○对　　○错

【参考答案】对

303．图示路口人行横道线警示行人优先横过道路。

○对　　○错

【参考答案】对

304．图示路口导向线用于辅助车辆转弯行驶。

○对　　○错

【参考答案】对

305．图示路口导向线用于辅助车辆转弯行驶。

○对　　○错

【参考答案】对

306．图示路面白色虚线实线指示实线一侧允许跨越。

○对　　○错

【参考答案】错

307．图示路面白色虚实线指示变道或靠边停车时允许跨越。

○对　　○错

【参考答案】对

308．图示左转弯车辆不可以直接进入左转弯待转区，等待放行信号。

○对　　○错

【参考答案】错

309．图示左转弯车辆可直接进入左转弯待转区，等待放行信号。

○对　　○错

【参考答案】错

310．图示道路右侧车行道边缘白色虚线指示允许跨越。

○对　　○错

【参考答案】对

311．图示道路右侧白色实线标示机动车道与人行道的分界线。

○对　　○错

【参考答案】错

312．图示道路两条双黄虚线并列组成的双黄虚线指示潮汐车道的位置。

○对　　○错

【参考答案】对

313．图示道路右侧白色虚线指示可越线变更车道。

○对　　○错

【参考答案】对

314．图示道路右侧标志指示距离设有电子不停车收费车道的收费站1km。

○对　　○错

【参考答案】对

315．图示道路右侧标志指示前方收费站设有电子不停车收费行驶车道。

○对　　○错

【参考答案】对

316．图示道路黄色虚线指示任何情况都不允许越线绕行。

○对　　○错

【参考答案】错

317．图示道路右侧标志指示高速公路紧急电话的位置。

○对　　○错

【参考答案】错

318．图示道路右侧标志提示距离设有电子不停车收费车道的收费站1km。

○对　　○错

【参考答案】错

319．图示道路左侧标志提示前方收费口停车领卡。

○对　　○错

【参考答案】对

320．图示道路前方标志预告距离下一出口4km。

○对　　○错

【参考答案】对

321．图示道路前方标志指示高速公路的名称和编号。

○对　　○错

【参考答案】对

322．图示道路前方标志预告高速公路终点距离信息。

○对　　○错

【参考答案】错

323．图示道路标志指示高速公路交通广播和无线电视频道。

○对　　○错

【参考答案】错

324．图示道路前方标志预告前方距高速公路终点还有2km。

○对　　○错

【参考答案】对

325. 图示道路右侧标志指示前方是高速公路的终点。

○对　　○错

【参考答案】错

326. 图示道路前方标志预告距离下一左侧出口1km。

○对　　○错

【参考答案】错

327. 图示道路左侧标志指示高速公路两个行驶方向的目的地。

○对　　○错

【参考答案】对

328. 图示道路前方标志预告高速公路入口在路右侧。

○对　　○错

【参考答案】错

329. 图示道路前方标志预告距离高速公路入口1km。

○对　　○错

【参考答案】对

330. 图示道路标志提示该路段已实行交通监控。

○对　　○错

【参考答案】对

331. 图示道路右侧标志表示前方是分流路口。

○对　　○错

【参考答案】错

332. 图示道路左侧标志警示前方道路右侧不能通行。

○对　　○错

【参考答案】错

333. 图示道路右侧标志警示前方道路两侧不能通行。

○对　　○错

【参考答案】错

334．图示道路两侧的标志提示前方道路线形变化。

○对　　○错

【参考答案】对

335．图示道路标志表示前方车道数量增加。

○对　　○错

【参考答案】错

336．图示道路右侧标志指示前方是T形路口。

○对　　○错

【参考答案】错

337．图示道路右前方标志指示前方路口左转弯绕行的路线。

○对　　○错

【参考答案】对

338．图示道路前方标志告知向右100m为室内停车场。

○对　　○错

【参考答案】对

339．图示道路前方标志告知前方200m处是露天停车场。

○对　　○错

【参考答案】对

340．图示道路右侧标志指示前方路口绕行的路线。

○对　　○错

【参考答案】对

341．图示道路右侧标志告知右前方100m是应急避难场所。

○对　　○错

【参考答案】对

342．图示道路右侧标志指示前方设有避让来车的处所。

○对　　○错

【参考答案】对

343．图示道路前方标志指示前方所要经过的重要地名和距离。
○对　○错

【参考答案】对

344．图示道路前方标志预告互通式立交桥通往方向的信息。
○对　○错

【参考答案】对

345．图示道路前方标志预告交叉路口通往方向的信息。
○对　○错

【参考答案】对

346．图示道路前方标志告知各个路口出口方向的信息。
○对　○错

【参考答案】对

347．图示道路前方标志告知前方道路各行其道的信息。
○对　○错

【参考答案】错

348．图示道路左侧标志表示此处允许机动车掉头。
○对　○错

【参考答案】对

349．图示道路前方标志表示除大客车以外的其他车辆不准进入右侧车道行驶。
○对　○错

【参考答案】错

350．图示道路红色圆圈内标志表示除非机动车以外的其他车辆不准进入该车道行驶。
○对　○错

【参考答案】对

351．图示道路右侧标志表示车辆按箭头示意方向选择行驶车道。
○对　○错

【参考答案】对

352．图示道路红色圆圈内标志表示左侧道路只供小型车行驶。

○对　○错

【参考答案】错

353．图示道路前方标志表示除公交车以外的其他车辆不准进入该车道行驶。

○对　○错

【参考答案】对

354．图示道路右侧标志表示会车时对向车辆先行。

○对　○错

【参考答案】错

355．图示道路右侧标志表示干路车辆优先通行。

○对　○错

【参考答案】对

356．图示道路右侧标志表示此处不准鸣喇叭。

○对　○错

【参考答案】错

357．图示道路右前方标志表示该路段在规定时间内只供步行。

○对　○错

【参考答案】对

358．图示道路右侧标志表示最高车速不准超过50km/h。

○对　○错

【参考答案】错

359．图示道路右侧标志表示鸣喇叭提醒。

○对　○错

【参考答案】错

360．图示道路右侧标志表示注意避让直行方向来的机动车。

○对　○错

【参考答案】错

361．图示道路前方标志表示向左是单向行驶道路。

○对　○错

科目四 判断题 第3章

【参考答案】对

362. 图示道路前方标志表示向右是单向行驶道路。
○对　○错

【参考答案】对

363. 图示道路标志表示前方立体交叉处可以直行和右转弯。
○对　○错

【参考答案】错

364. 图示道路右侧标志表示前方路口只能车辆向左转弯。
○对　○错

【参考答案】对

365. 交通警察发出图示手势信号时允许在路口向右转弯。
○对　○错

【参考答案】对

366. 图示道路右侧标志表示只能靠左侧道路行驶。
○对　○错

【参考答案】对

367. 图示道路右侧标志表示只能车辆向右转弯。
○对　○错

【参考答案】对

368. 交通警察发出图示手势信号时可以直行通过。
○对　○错

【参考答案】错

369. 交通警察发出图示手势信号可以左转弯。
○对　○错

【参考答案】错

370. 图示道路右侧标志表示前方路口7：30~10：00允许车辆直行。

119

○对 　○错

【参考答案】对

371．图示道路右侧标志表示前方100m是停车接受检查的地点。

○对 　○错

【参考答案】对

372．图示道路右侧标志表示前方路段解除时速40km限制。

○对 　○错

【参考答案】对

373．图示交警发出的是左转弯待转手势信号。

○对 　○错

【参考答案】对

374．图示交警的手势信号表示可以向左转弯。

○对 　○错

【参考答案】对

375．图示道路左侧标志表示前方路口不准掉头。

○对 　○错

【参考答案】对

376．图示道路右侧标志表示前方路口不准车辆右转。

○对 　○错

【参考答案】对

377．图示道路右侧标志表示前方路口不准车辆左转。

○对 　○错

【参考答案】对

378．图示道路右侧标志表示前方路口要停车让行。

○对 　○错

【参考答案】对

379．图示道路右侧标志提示一切车辆都不能驶入。

○对 　○错

120

【参考答案】对

380．图示道路左侧标志表示前方路段允许进入。

○对　　○错

【参考答案】错

381．图示道路右侧标志表示前方路段会车时停车让对方车先行。

○对　　○错

【参考答案】错

382．图示道路右侧标志提醒前方右侧500m有避险车道。

○对　　○错

【参考答案】对

383．图示道路右侧标志警告前方注意右侧路口有汇入车辆。

○对　　○错

【参考答案】对

384．图示道路左侧标志警告前方注意左侧路口有汇入车辆。

○对　　○错

【参考答案】对

385．图示道路右侧标志提醒前方道路正在施工。

○对　　○错

【参考答案】对

386．图示道路右侧标志提醒前方路段有塌方禁止通行。

○对　　○错

【参考答案】错

387．图示道路右侧这个标志警告进入隧道减速慢行。

○对　　○错

【参考答案】错

388．图示道路右侧标志提醒前方有村庄或集镇，建议车速为30km/h。

○对　　○错

【参考答案】对

389. 图示标志提醒障碍物在路中，车辆从左侧绕行。

○对　　○错

【参考答案】错

390. 图示道路右侧标志提醒前方路段保持车距。

○对　　○错

【参考答案】错

391. 图示道路右侧标志告知前方注意残疾人。

○对　　○错

【参考答案】对

392. 图示道路图中标志提醒障碍物在路中，车辆从右侧绕行。

○对　　○错

【参考答案】错

393. 图示标志提醒障碍物在路中，车辆从两侧绕行。

○对　　○错

【参考答案】对

394. 图示道路右侧标志提醒前方是非机动车道。

○对　　○错

【参考答案】错

395. 图示道路右侧标志警告前方150m是无人看守铁路道口。

○对　　○错

【参考答案】对

396. 图示道路右侧标志警告前方是有人看守铁路道口。

○对　　○错

【参考答案】错

397. 图示道路右侧标志警告前方是无人看守的有多股铁路与道路相交铁路道口。

○对　　○错

科目四 判断题　　第3章

【参考答案】错

398．图示道路右侧标志提醒前方是过水路面。
　　○对　　○错

【参考答案】对

399．图示道路右侧标志警告距前方有人看守铁路道口150m。
　　○对　　○错

【参考答案】错

400．图示道路右侧标志警告距前方有人看守铁路道口100m。
　　○对　　○错

【参考答案】错

401．图示道路标志警告前方铁路道口有多股铁路与道路相交。
　　○对　　○错

【参考答案】对

402．图示道路右侧标志提醒前方路面低洼。
　　○对　　○错

【参考答案】对

403．图示道路右侧标志提醒注前方是驼峰桥。
　　○对　　○错

【参考答案】错

404．图示道路右侧标志提醒前方路交口向右100m是渡口。
　　○对　　○错

【参考答案】对

405．图示道路右侧标志提醒前方路面不平。
　　○对　　○错

【参考答案】对

406. 图示右侧标志提醒前方路面高突。
   ○对　　○错

【参考答案】错

407. 图示道路右侧标志提醒前方是单向行驶隧道。
   ○对　　○错

【参考答案】错

408. 图示道路右侧标志提醒前方200m有村庄。
   ○对　　○错

【参考答案】对

409. 图示道路右侧标志提醒前方山口注意横风。
   ○对　　○错

【参考答案】对

410. 图示道路右侧标志提醒注意左侧有落石危险。
   ○对　　○错

【参考答案】对

411. 图示道路右侧标志提醒前方是左侧傍山险路。
   ○对　　○错

【参考答案】错

412. 图示道路右侧标志提醒注意前方200m是堤坝道路。
   ○对　　○错

【参考答案】对

413. 图示道路右侧标志提醒注意前方是傍山险路。
   ○对　　○错

【参考答案】对

414. 图示道路右侧标志提示前方是连续急转弯道路。
   ○对　　○错

【参考答案】错

415. 图示道路右侧标志警告前方路段设有信号灯。

○对　　○错

【参考答案】对

416. 图示道路右侧标志警告前方路段要注意儿童。

○对　　○错

【参考答案】对

417. 图示道路右侧标志警告前方路段要注意儿童。

○对　　○错

【参考答案】错

418. 图示道路右侧标志警告前方进入两侧变窄路段。

○对　　○错

【参考答案】错

419. 图示道路右侧标志提醒前方经常有牲畜横穿、出入。

○对　　○错

【参考答案】错

420. 图示道路右侧标志提醒前方是野生动物保护区。

○对　　○错

【参考答案】错

421. 图示道路右侧车道路面标线表示可以临时借公交专用车道行驶。

○对　　○错

【参考答案】错

422. 图示路面中心圈标示左小转弯要沿内侧行驶。

○对　　○错

【参考答案】对

423. 图示路口两侧导流线表示直行或右转弯不得压线或越线行驶。

○对　　○错

【参考答案】对

424．图示路面网状线标示不准进入该区域内停车等待。

○对　　○错

【参考答案】对

425．图示路面网状线标示允许进入该区域内等待。

○对　　○错

【参考答案】错

426．图示道路右侧标志警告前方道路左侧变宽。

○对　　○错

【参考答案】错

427．图示道路右侧标志警告前方道路右侧变宽。

○对　　○错

【参考答案】错

428．图示道路右侧标志表示前方路段解除时速40km限制。

○对　　○错

【参考答案】错

429．图示隧道上方标志表示限制高度3.5m。

○对　　○错

【参考答案】对

430．图示道路右侧标志警告前方是上陡坡路段。

○对　　○错

【参考答案】对

431．图示道路右侧标志警告前方是向右反向弯路。

○对　　○错

【参考答案】错

432．图示道路右侧标志警告前方道路是向左连续弯路。

○对　　○错

【参考答案】错

433．图示道路右侧标志警示前方道路有连续三个或三个以上的弯路。

○对　　○错

【参考答案】错

434．图示道路右侧标志表示前方道路限宽3m。

○对　　○错

【参考答案】对

435．图示道路右侧标志表示不允许长时鸣喇叭。

○对　　○错

【参考答案】错

436．图示道路右侧标志表示临时停车不受限制。

○对　　○错

【参考答案】错

437．图示道路右侧标志警告前方是向右急转弯路。

○对　　○错

【参考答案】对

438．图示道路右侧标志警告前方路面两侧变窄长度为5km。

○对　　○错

【参考答案】对

439．图示道路右侧标志表示前方路段不允许超车。

○对　　○错

【参考答案】错

440．图示道路右侧标志表示前方路段允许超车。

○对　　○错

【参考答案】错

441．图示道路右侧标志警告前方是下陡坡路段。

○对　　○错

【参考答案】错

442．图示道路右侧标志警告前方是连续下坡路段。

○对　　○错

【参考答案】错

443．驾驶机动车在图示情况下不能左转弯。
　　○对　　○错

【参考答案】对

444．在图示铁路道口遇到两个红灯交替闪烁时要停车等待。
　　○对　　○错

【参考答案】对

445．驾驶机动车在图示情况下不能直行和左转弯。
　　○对　　○错

【参考答案】对

446．图示红色轿车可以在该车道行驶。
　　○对　　○错

【参考答案】错

447．驾驶机动车在公交车站遇到图示情况要迅速停车让行。
　　○对　　○错

【参考答案】对

448．驾驶机动车在图示情况下可以占用公交车站临时停车。
　　○对　　○错

【参考答案】错

449．汽车的专用备胎可作为正常轮胎长期使用。
　　○对　　○错

【参考答案】错

450．驾驶机动车在小区内遇到图示的情况要在自行车前加速通过。
　　○对　　○错

【参考答案】错

451．在图示情况下要避让左侧从公交车后横穿的行人。
　　○对　　○错

【参考答案】对

452．驾驶机动车在居民小区遇到图示情形要紧跟其后行驶。
　　○对　　○错

科目四 判断题　　第 3 章

【参考答案】错

453．驾驶机动车进入居民小区不能超过图示限速标志限定的速度行驶。

○对　　○错

【参考答案】对

454．驾驶机动车在路口看到图示信号灯亮时，要加速通过。

○对　　○错

【参考答案】错

455．驾驶机动车在图示信号灯亮的路口，可以右转弯。

○对　　○错

【参考答案】对

456．驾驶机动车在居民小区遇到图示情形要连续鸣喇叭。

○对　　○错

【参考答案】错

457．驾驶机动车在学校附近遇到图示情况要尽快加速通过。

○对　　○错

【参考答案】错

458．在学校门口遇到图示情况要做好随时停车的准备。

○对　　○错

【参考答案】对

459．驾驶机动车看到图示标志时要及时减速。

○对　　○错

【参考答案】对

460．如图所示，遇有图示情况要停车让行。

○对　　○错

【参考答案】对

461．驾驶机动车在图示路口右转弯时要避让非机动车。

○对　　○错

【参考答案】对

462．驾驶机动车遇到图示情况的人行横道

129

线可以加速通过。

○对　　○错

【参考答案】错

463．造成图示事故的主要原因是行人从车前横穿。

○对　　○错

【参考答案】错

464．驾驶机动车在图示情况下可以加速通过路口。

○对　　○错

【参考答案】错

465．驾驶机动车在人行横道前遇到图示情况一定要减速慢行。

○对　　○错

【参考答案】错

466．驾驶机动车通过图示铁路道口时要减速停车。

○对　　○错

【参考答案】对

467．驾驶机动车不能快速通过图示情况的铁路道口。

○对　　○错

【参考答案】对

468．驾驶机动车在图示路口左转弯要提前按导向箭头指示向左变更车道。

○对　　○错

【参考答案】对

469．在图示路口左转弯要靠路口中心点左侧转弯。

○对　　○错

【参考答案】对

470．驾驶机动车在图示路口可以直接向右转弯。

○对　　○错

【参考答案】错

471．驾驶汽车通过图示连续弯道时，尽量靠弯道右侧行驶。

○对　　○错

【参考答案】对

科目四　判断题　第 3 章

472．遇到图示情况的骑车人可以借对向车道超越。
○对　　○错
【参考答案】错

473．机动车遇有急弯路时要在进入弯路后减速。
○对　　○错
【参考答案】错

474．驾驶机动车在图示路口右转弯可以不变更车道。
○对　　○错
【参考答案】错

475．驾驶机动车在交叉路口遇到图示情况可以不让行。
○对　　○错
【参考答案】错

476．驾驶机动车通过图示路口要注意观察左侧情况。
○对　　○错
【参考答案】错

477．在图示交叉路口直行时，要提前在虚线区按导向箭头指示向右变更车道。
○对　　○错
【参考答案】对

478．行车中变更车道不需要提前开启转向灯。
○对　　○错
【参考答案】错

479．在道路上行车时，安全跟车距离无须随着速度变化而变化。
○对　　○错
【参考答案】错

480．在道路上跟车行驶时，跟车距离不是主要的，只须保持与前车相等的车速，即可防止发生追尾事故。
○对　　○错
【参考答案】错

481．在行驶中，驾驶人在注意与前车保持安全距离的同时，也要谨慎制动，防止被后车追尾。
○对　　○错
【参考答案】对

482．夜间驾驶机动车在照明条件良好的路段可以不使用灯光。
○对　　○错
【参考答案】错

483．发生图示事故的主要原因是驾驶人倒车前没有进行安全确认。
○对　　○错
【参考答案】对

484．机动车倒车时，后方道路条件较好的，应加速倒车，迅速完成操作。
○对　　○错
【参考答案】错

485．驾驶机动车在图示路口可以沿掉头车道直接掉头。
○对　　○错

131

【参考答案】错

486．驾驶机动车在图示不影响行人正常通行的情况下可以掉头。

○对　　○错

【参考答案】错

487．图示驾驶机动车需要掉头时，只要不影响正常交通可以在虚线处掉头。

○对　　○错

【参考答案】对

488．驾驶机动车进入图示左侧车道可以掉头。

○对　　○错

【参考答案】对

489．驾驶机动车在图示路口允许掉头。

○对　　○错

【参考答案】错

490．驾驶机动车在图示路口掉头前先进入左转直行车道。

○对　　○错

【参考答案】错

491．在道路上停车时要尽量避开坡道、积水、结冰或松软路面。

○对　　○错

【参考答案】对

492．驾驶人下车前要观察后视镜和侧头观察左后侧情况。

○对　　○错

【参考答案】对

493．在图示区域内不允许长时间停放机动车。

○对　　○错

【参考答案】对

494．在图示区域内可以临时停车。

○对　　○错

【参考答案】错

495．机动车行经交叉路口，不得超车。

○对　　○错

【参考答案】对

496．道路划设专用车道的，在专用车道内，其他机动车可以借道超车。

○对　　○错

【参考答案】错

497．机动车通过急转弯路段时，在机动车较少的情况下可以超车。
○对　○错
【参考答案】错

498．预计在超车过程中与对面来车有会车可能时，应提前加速超越。
○对　○错
【参考答案】错

499．驾驶机动车在图示情况下不能超车。
○对　○错

【参考答案】对

500．驾驶机动车在图示道路上超车可借对向车道行驶。
○对　○错

【参考答案】错

501．机动车在图示情况下可以超车。
○对　○错

【参考答案】错

502．在道路上超车时，应尽量加大横向距离，必要时可越实线超车。
○对　○错

【参考答案】错

503．驾驶机动车遇到图示情况要主动减速让后车超越。
○对　○错

【参考答案】对

504．驾驶机动车在图示情况下可以越过中心实线超车。
○对　○错

【参考答案】错

505．驾驶机动车在图示的道路上只能从左侧超越。
○对　○错

【参考答案】对

506．驾驶机动车在图示道路上从前车右侧超越最安全。
○对　○错

【参考答案】错

507．驾驶机动车在图示路段允许超车。
○对　○错

【参考答案】错

508. 驾驶机动车遇到图示情况不要减速。

○对　　○错

【参考答案】错

509. 驾驶机动车遇到图示情况时对向机动车优先通过。

○对　　○错

【参考答案】对

510. 驾驶机动车遇到图示情况时要向左占道行驶。

○对　　○错

【参考答案】错

511. 会车遇到图示情况要低速会车或停车让行。

○对　　○错

【参考答案】对

512. 驾驶机动车可在图示路口处向右变更车道。

○对　　○错

【参考答案】错

513. 驾驶机动车在图示位置不能变更车道。

○对　　○错

【参考答案】对

514. 驾驶机动车遇到图示情况要迅速向左变更车道。

○对　　○错

【参考答案】错

515. 图示道路右侧标志指示距离前方加油站入口200m。

○对　　○错

【参考答案】对

第4章 科目四 单选题

本章涉及的动画题说明：动画是动态的，因此本章只列举了动画中的关键祯画面作为代表。这些画面也是解题的关键。

1. 发生车损事故应当自行撤离现场而未撤离，造成交通堵塞的，对驾驶人处多少元罚款？
   A. 50元　　　　B. 100元
   C. 200元　　　　D. 500元
   【参考答案】C

2. 交通警察现场处罚向违法当事人开具法律文书名称是什么？
   A. 简易处罚决定书
   B. 强制措施凭证
   C. 违法通知书
   D. 交通技术监控资料
   【参考答案】A

3. 在线处理车损事故时，必须录入的信息是什么？
   A. 本方姓名、电话、保险公司、事故时间
   B. 本方姓名、电话、事故所在区域、事故时间
   C. 本方姓名、电话、保险公司、事故所在区域
   D. 本方姓名、电话、保险公司、车牌号码
   【参考答案】C

4. 在线处理车损事故时，需要上传多少张事故相片？
   A. 3张　　　　B. 5张
   C. 7张　　　　D. 9张
   【参考答案】B

5. 机动车与机动车、机动车与非机动车发生财产损失事故，车辆可以移动的，应当怎样处理？
   A. 当事人应当在确保安全的原则下对现场拍照取证后，立即撤离现场，将车辆移至不妨碍交通的地点，自行协商处理损害赔偿事宜
   B. 当事人应当在确保安全的原则下对现场拍照取证后，立即撤离现场，将车辆移至不妨碍交通的地点，报警等候处理
   C. 当事人应当在确保安全的原则下对现场拍照取证后，立即撤离现场，直接到交通事故快速处理点进行处理
   D. 除了A、B、C的途径外，还可以通过微信在线快处
   【参考答案】D

6. 在线处理车损事故时，上传的事故相片要拍摄的内容包括哪些？
   A. 各方车辆类型、车牌号码、接触部位、双方驾驶证
   B. 各方车辆类型、车牌号码、接触部位、双方驾驶证和行驶证
   C. 各方车辆在道路上的位置、车牌号码、接触部位、双方驾驶证
   D. 各方车辆在道路上的位置、车牌号码、接触部位、双方驾驶证和行驶证
   【参考答案】D

7. 除中心城区外，武汉市还有哪个新城区也能够适用快速理赔？
   A. 黄陂　　　　B. 江夏
   C. 新洲　　　　D. 东西湖
   【参考答案】D

8. 武汉市车损事故快速理赔适用的时间是什么？
   A. 6时至20时　　B. 7时至19时
   C. 6时至19时　　D. 7时至20时
   【参考答案】B

9. 在冰雪路面制动时，发现车辆偏离方向，以下做法正确的是什么？
   A. 用力踩制动踏板
   B. 连续轻踩轻放制动踏板
   C. 停止踩制动踏板
   D. 以上做法都不对
   【参考答案】C

10. 大雾天行驶，以下做法正确的是什么？
    A. 可以紧急制动
    B. 可以紧急制动，但需要停到紧急停车带上
    C. 不可以紧急制动，因为会造成后面的车辆追尾
    D. 以上说法都不对
    【参考答案】C

11. 车辆在泥泞路上发生侧滑时，以下做法正确的是什么？
    A. 迅速制动停车
    B. 向侧滑的另一侧转动转向盘适量修正
    C. 向侧滑的一测转动转向盘适量修正
    D. 迅速制动减速
    【参考答案】C

12. 在泥泞路段行车，要平稳地转动转向盘，避免由快速转动转向盘而引起侧滑。
    A. 正确　　　　B. 错误
    【参考答案】A

13. 车辆在泥泞路段起步或者陷住时，切忌选择急加速。
    A. 正确　　　　B. 错误
    【参考答案】A

14. 何某驾驶一辆乘载53人的大客车（核载47人），行至宁合高速公路南京境内454km加100m处，被一辆重型半挂牵引车追尾，导致大客车翻出路侧护栏并起火燃烧，造成17人死亡、27人受伤。何某的主要违法行为是什么？
    A. 超速行驶
    B. 客车超员
    C. 驾驶逾期未年检机动车
    D. 操作不当
    【参考答案】B

15. 某日早上6时，冉某驾驶一辆大客车出发，连续行驶至上午11时，在宣汉县境内宣南路1km处，坠于公路一侧垂直高度8.5m的陡坎下，造成13人死亡、9人受伤。冉某的主要违法行为是什么？
    A. 超速行驶
    B. 不按交通标线行驶
    C. 客车超员
    D. 疲劳驾驶
    【参考答案】D

16. 某日13时10分，罗某驾驶一辆中型客车从高速公路0km处出发，下午14时10分行至该高速公路125km加200m处时，发生追尾碰撞，机动车驶出西南侧路外边坡，造成11人死亡、2人受伤。罗某的主要违法行为是什么？
    A. 超速行驶
    B. 不按交通标线行驶
    C. 客车超员
    D. 疲劳驾驶
    【参考答案】A

17. 罗某驾驶大型卧铺客车（乘载44人，核载44人）行至沿河县境内540县道58km加500m处时，在结冰路面以每小时44km速度行驶，导致机动车侧滑翻下公路，造成15人死亡、27人受伤。罗某的主要违法行为是什么？
    A. 客车超员　　　B. 超速行驶
    C. 疲劳驾驶　　　D. 操作不当
    【参考答案】B

18. 徐某驾驶一辆中型客车（乘载27人）行至汤山镇王伏村壶南头路段，在上坡过程中，机动车发生后溜驶出路外坠入落差约80m的山崖，造成11人死亡、7人受伤。徐某的主要违法行为是什么？
    A. 疲劳驾驶　　　B. 酒后驾驶
    C. 客车超员　　　D. 超速行驶
    【参考答案】C

19. 佟某驾驶一辆大客车（乘载54人，核载55人）行至太原境内以45km/h的时速通过一处泥泞路段时，机动车侧滑驶出路外坠入深沟，导致14人死亡、40人受伤。佟某的主要违法行为是什么？
    A. 客车超员　　　B. 超速行驶
    C. 酒后驾驶　　　D. 疲劳驾驶
    【参考答案】B

20. 郝某驾驶一辆载有84.84t货物的重型自卸货车（核载15.58t），行至滦县境内262省道34km加623m处，与前方同向行驶的一辆载有45.85t货物的货车（核载1.71t）追尾碰撞后，侧翻撞向路边人群，造成19人死亡、17人受伤。双方驾驶人共同的违法行为是什么？
    A. 超速行驶　　　B. 货车超载
    C. 疲劳驾驶　　　D. 酒后驾驶
    【参考答案】B

21. 在图示环境中安全起步怎样使用灯光？

A．开启远光灯
B．只能开启左转向灯
C．开启左转向灯、近光灯
D．开启危险报警闪光灯

【参考答案】C

22．怎样调整汽车座椅安全头枕的高度？
A．调整到头枕中心对正颈部
B．调整到头枕中心与颈部平齐
C．调整到头枕中心高出头顶
D．调整到头枕中心能支撑头部

【参考答案】D

23．驾驶装有ABS系统的汽车怎样采取紧急制动？
A．用力踏制动踏板
B．间歇踏制动踏板
C．缓慢踏制动踏版
D．逐渐踏下制动踏板

【参考答案】A

24．驾驶机动车遇暴雨，无法看清路面情况，以下做法正确的是什么？
A．保持原速行驶
B．减速行驶
C．打开危险报警闪光灯，将机动车停到路外
D．减速行驶，不断鸣喇叭，提醒周边驾驶人

【参考答案】C

25．驾驶机动车遇到图示路段时，以下说法错误的是什么？
A．应提前降低车速
B．应提前降低挡位
C．尽量利用发动机制动控制车速
D．尽量利用驻车制动器控制车速

【参考答案】D

26．驾驶机动车在图示的路段怎样跟车行驶？
A．紧随前车之后　　B．加大安全距离
C．减小纵向间距　　D．尽快超越前车

【参考答案】B

27．遇前方停驶的油料运输车起火冒烟，以下做法正确的是什么？
A．为减少交会时间，加速通过
B．立即停车，上前查看是否有被困人员
C．停车后围观
D．立即停车，尽量远离，拨打报警电话

【参考答案】D

28．行车时看到前方车辆行驶线路左右摆动，以下说法正确的是什么？
A．车内驾驶人可能为酒后驾车，应当保持距离
B．车内驾驶人可能为酒后驾车，可以加速超过
C．车内驾驶人可能为吸毒后驾车，可以加速超过
D．此情况较为安全，可以紧密跟随

【参考答案】A

29．驾驶机动车行经两侧有非机动车行驶且有积水的路面时，应怎样做？
A．减速慢行　　B．正常行驶
C．加速通过　　D．连续鸣喇叭

【参考答案】A

30．驾驶机动车遇到图示情况时，以下做法正确的是什么？ 
A．放慢车速，缓缓绕过
B．鸣喇叭示意该车让路

C．立即停车等待，直至该车离开
D．保持原车速绕行
【参考答案】C

31．如何为特种车辆让路？
A．向左减速让路，直到紧急车辆过去
B．向右减速让路，直到紧急车辆过去
C．立即停车，即使你在交叉口也是如此
D．向前车鸣喇叭，自己在特种车辆前开路
【参考答案】B

32．夜间会车时，如遇对方持续开启远光灯，应当如何安全会车？
A．鸣喇叭，加速通过
B．及时开启远光灯
C．使用近光灯，低速会车或停车让行
D．使用远光灯，低速会车
【参考答案】C

33．行车中遇到图示情况应当如何安全会车？

A．鸣喇叭，加速通过
B．减速靠右，让其先行
C．靠道路左侧停靠让其先行
D．抢在对方前先行通过
【参考答案】B

34．在山区道路行驶时，以下说法正确的是什么？
A．上坡路段的安全距离应比平坦路段的大
B．下坡路段的安全距离应比平坦路段的小
C．急弯路段应当紧随前车
D．以上说法都正确
【参考答案】A

35．驶入高速公路减速车道后，应关闭转向灯，注意观察限速标志，进入匝道之前将车速降到多少以下？
A．标志规定车速　　B．80km/h
C．60km/h　　　　　D．40km/h
【参考答案】A

36．在图示同向3车道高速公路上行驶，车速低于80km/h的车辆应在哪条行车道上行驶？

A．最左侧行车道　　B．中间行车道
C．最右侧行车道　　D．任意行车道

【参考答案】C

37．关于驾驶机动车汇入主路车流，以下说法正确的是什么？
A．不得妨碍主路车辆正常行驶
B．只要不发生事故可随意行驶
C．可以碾压实线及导流线
D．在不发生事故的前提下干扰主路车流也是可以的
【参考答案】A

38．驾驶机动车应当怎样汇入主路车流？
A．加速直接汇入车流
B．开启转向灯观察主路情况确保安全汇入车流
C．开启转向灯直接汇入车流
D．不用开启转向灯加速汇入车流
【参考答案】B

39．驾驶机动车从高速公路加速车道汇入行车道车流时，以下做法正确的是什么？
A．从正常行驶车辆后驶入行车道
B．从正常行驶车辆前驶入行车道
C．停车等待正常行驶车辆通过
D．加速直接驶入行车道
【参考答案】A

40．检查机动车机油时，以下做法正确是什么？
A．停在平坦的地方，在起动前检查
B．停在平坦的地方，在怠速状态下检查
C．无须停在平坦的地方，在起动前检查
D．无须停在平坦的地方，在怠速状态下检查
【参考答案】A

41．如果轮胎胎侧顺线出现裂口，以下做法正确的是什么？
A．放气减压　　　　B．及时换胎
C．给轮胎充气　　　D．不用更换
【参考答案】B

42．水温表是用来指示哪个部件的温度？

A．行驶系统　　　　B．转向系
C．发动机　　　　　D．变速器
【参考答案】C

43．火柴、硫黄和赤磷属于哪类危险化学品?
A．爆炸品　　　　　B．氧化性物质
C．自燃物品　　　　D．易燃固体
【参考答案】D

44．火药、炸药和起爆药属于哪类危险化学品?
A．氧化性物质　　　B．易燃固体
C．爆炸品　　　　　D．自燃物品
【参考答案】C

45．液化石油气罐车在运输途中发生大量泄漏时，下列措施错误的是什么?
A．切断一切电源
B．戴好防护面具和手套
C．关闭阀门制止渗漏
D．组织人员向下风方向疏散
【参考答案】D

46．下列属于危险易燃固体的是什么?
A．火柴　　　　　　B．火药
C．电石　　　　　　D．炸药
【参考答案】A

47．怎样抢救脊柱骨折的伤员?
A．采取保暖措施
B．用软板担架运送
C．用三角巾固定
D．扶持伤者移动
【参考答案】C

48．抢救骨折伤员时注意什么?
A．迅速抬上担架送往医院
B．适当调整损伤时的姿势
C．用绷带对骨折部位进行包扎
D．不要移动身体骨折部位
【参考答案】D

49．救助有害气体中毒伤员，首先采取的措施是什么?
A．采取保暖措施
B．将伤员转移到有新鲜空气的地方
C．进行人工呼吸
D．进行胸外心脏按压
【参考答案】B

50．救助全身燃烧伤员采取哪种应急措施?
A．用沙土覆盖火焰灭火
B．向身上喷冷水灭火
C．用灭火器进行灭火
D．帮助脱掉燃烧的衣服
【参考答案】B

51．包扎止血不能用的物品是什么?
A．绷带　　　　　　B．三角巾
C．止血带　　　　　D．麻绳
【参考答案】D

52．采用指压止血法为动脉出血伤员止血时，拇指压住伤口的什么位置?
A．近心端动脉
B．血管下方动脉
C．远心端动脉
D．血管中部
【参考答案】A

53．在没有绷带急救伤员的情况下，以下救护行为中错误的是什么?
A．用手帕包扎
B．用毛巾包扎
C．用棉质衣服包扎
D．用细绳缠绕包扎
【参考答案】D

54．高速公路行车紧急情况避险的处理原则是什么?
A．先避车后避物
B．先避人后避物
C．先避车后避人
D．先避物后避人
【参考答案】B

55．在高速公路行车选择什么地方停车?
A．服务区　　　　　B．加速车道
C．减速车道　　　　D．匝道
【参考答案】A

56．机动车在高速公路上发生故障需检查时怎样停车?
A．在最外侧行车道上停车
B．在内侧行车道上停车
C．在应急车道停车
D．在匝道口三角地带停车
【参考答案】C

57．雨天机动车在高速公路行驶发生"水滑"现象时怎样处置?

A．急踏制动踏板减速
B．缓抬加速踏板减速
C．迅速转向进行调整
D．提速增大车轮排水量
【参考答案】B

58．机动车不慎落水，车门无法开启时，可选择的自救方法是什么？
A．敲碎侧窗玻璃
B．关闭车窗
C．打电话求救
D．用工具撬开车门
【参考答案】A

59．怎样正确使用灭火器灭火？
A．人要站在下风处
B．灭火器瞄准火源
C．尽量接近火源
D．灭火器瞄准火苗
【参考答案】B

60．发动机着火后首先怎样处置？
A．迅速关闭发动机
B．用水进行灭火
C．开启发动机罩灭火
D．站在下风处灭火
【参考答案】A

61．机动车燃油着火时，不能用于灭火的是什么？
A．路边沙土　　B．棉衣
C．工作服　　　D．水
【参考答案】D

62．在高速公路驾驶机动车意外碰撞护栏时采取什么保护措施？
A．握紧转向盘，适量修正
B．迅速向相反方向转向
C．迅速采取紧急制动
D．迅速向碰撞一侧转向
【参考答案】A

63．行车中与其他机动车发生正面碰撞已不可避免时怎样处置？
A．变正面碰撞为侧面碰撞
B．向右急转转向盘躲避
C．迅速采取紧急制动
D．向左急转转向盘躲避
【参考答案】C

64．在车速较高可能与前方机动车发生碰撞时，驾驶人要采取什么措施？
A．先制动减速，后转向避让
B．急转方向向左避让
C．急打方向，向右避让
D．先转向避让，后制动减速
【参考答案】A

65．转向失控后，若机动车偏离直线行驶方向，应怎样使机动车尽快减速停车？
A．轻踏制动踏板
B．拉紧驻车制动器操纵杆
C．迅速抢挡减速
D．果断地连续踩踏、放松制动踏板
【参考答案】D

66．行车中遇到转向失控，行驶方向偏离时怎样处置？
A．迅速转向调整
B．尽快减速停车
C．向无障碍一侧躲避
D．向有障碍一侧躲避
【参考答案】B

67．驾驶装有动力转向的机动车发现转向困难怎样处置？
A．停车查明原因
B．控制转向缓慢行驶
C．降低车速行驶
D．保持机动车直线行驶
【参考答案】A

68．当机动车转向失控行驶方向偏离，事故已经无可避免时，要采取什么措施？
A．紧急制动
B．迅速转向进行调整
C．迅速向无障碍一侧转向躲避
D．迅速向有障碍一侧转向躲避
【参考答案】A

69．避免爆胎的错误做法是什么？
A．降低轮胎气压
B．定期检查轮胎
C．及时清理轮胎沟槽里的异物
D．更换有裂纹或有很深损伤的轮胎
【参考答案】A

70．轮胎气压过低时，高速行驶轮胎会出现波浪变形温度升高而导致什么情况发生？

A．气压不稳
B．气压更低
C．行驶阻力增大
D．爆胎
【参考答案】D

71．行车中轮胎突然爆裂时的应急措施是什么？
A．迅速制动减速
B．紧握转向盘，尽快平稳停车
C．迅速转动转向盘调整方向
D．低速行驶，寻找换轮胎地点
【参考答案】B

72．行车中轮胎突然爆裂时的不正确做法是什么？
A．保持镇静，缓抬加速踏板
B．紧握转向盘，控制机动车直线行驶
C．采取紧急制动，在最短的时间内停车
D．待车速降低后，再轻踏制动踏板
【参考答案】C

73．前轮爆胎时，驾驶人控制住行驶方向后，要采取什么措施减速停车？
A．抢挂高速挡　　B．抢挂低速挡
C．抢挂空挡　　　D．紧急制动
【参考答案】B

74．后轮胎爆裂时，驾驶人要如何处置？
A．迅速转动转向盘调整
B．控制行驶方向并慢慢减速
C．迅速向相反方向转动转向盘
D．迅速采取制动措施
【参考答案】B

75．在高速公路上遇到紧急情况避险时需注意什么？
A．采取制动措施减速
B．向左侧转向避让
C．迅速转动转向盘躲避
D．向右侧转向避让
【参考答案】A

76．机动车上高速公路，以下哪种说法是错误的？
A．不可骑、轧车道分界线行驶
B．不可在路肩上行驶
C．可以在匝道、加速车道或者减速车道上超车
D．不可学习驾驶
【参考答案】C

77．机动车上高速公路，以下哪种说法是正确的？
A．可在匝道、加速车道、减速车道上超车
B．不准倒车、逆行、穿越中央分隔带掉头
C．非紧急情况时可在应急车道行驶
D．可以试车或学习驾驶
【参考答案】B

78．机动车驶离高速公路时，应当开启什么灯？
A．左转向灯
B．右转向灯
C．危险报警闪光灯
D．前照灯
【参考答案】B

79．行车中发现右侧轮胎漏气时怎样处置？
A．迅速制动减速
B．慢慢制动减速
C．迅速向左转向
D．采取紧急制动
【参考答案】B

80．行车中发现左侧轮胎漏气时怎样处置？
A．慢慢制动减速
B．迅速制动减速
C．迅速向右转向
D．采取紧急制动
【参考答案】A

81．轮胎气压过低时，高速行驶可能导致什么结果？
A．气压不稳　　B．气压增高
C．行驶阻力减小　D．爆胎
【参考答案】D

82．遇紧急情况避险时，要沉着冷静，坚持什么样的处理原则？
A．先避人后避物
B．先避物后避车
C．先避车后避人
D．先避物后避人
【参考答案】A

83．机动车从匝道驶入高速公路，应当开启什么灯？
A．左转向灯
B．右转向灯

C. 危险报警闪光灯
D. 前照灯
【参考答案】A

84. 在同向3车道高速公路上行车，车速高于90km/h、低于110km/h的机动车不应在哪条车道上行驶？

A. 最左侧　　　　　B. 中间
C. 最右侧　　　　　D. 任意
【参考答案】A

85. 驾驶机动车进入图示高速公路隧道前需要注意什么？

A. 开启远光灯行驶
B. 开启示宽灯、尾灯行驶
C. 开启近光灯行驶
D. 到达隧道口时鸣喇叭

【参考答案】C

86. 驾驶机动车进入高速公路加速车道后，尽快将车速提高到多少？

A. 30km/h以上　　　B. 40km/h以上
C. 50km/h以上　　　D. 60km/h以上
【参考答案】D

87. 驾驶机动车遇到图示情况怎样进入行车道？

A. 控制速度随尾车后进入
B. 加速从第二辆车前进入
C. 加速从第一辆车前进入
D. 可从任意两车之间插入

【参考答案】A

88. 机动车因故障或者事故在高速公路行车道上紧急停车时，驾乘人员怎么办？

A. 站在机动车前方
B. 留在车上等待救援
C. 站在机动车后方
D. 迅速转移至右侧路肩上或应急车道内
【参考答案】D

89. 发生紧急故障必须停车检查时，要在什么地方停车？

A. 最外侧行车道上
B. 内侧行车道上
C. 应急车道
D. 匝道口
【参考答案】C

90. 需要在高速公路停车时，要选择在什么地方停车？

A. 匝道　　　　　B. 加速车道
C. 减速车道　　　D. 服务区
【参考答案】D

91. 驾驶机动车通过漫水桥，停车观察水情确认安全后，怎样通过？

A. 挂高速挡快速通过
B. 时刻观察水流的变化
C. 做好随时停车准备
D. 挂低速挡匀速通过
【参考答案】D

92. 在泥泞路段遇驱动车轮空转打滑时如何处置？

A. 在从动轮下铺垫砂石
B. 换高速挡加速猛冲
C. 在驱动轮下铺垫砂石
D. 猛打转向盘配合急加速
【参考答案】C

93. 在泥泞路段遇车后轮向右侧滑时如何处置？

A. 继续加速　　　B. 向右转向
C. 向左转向　　　D. 紧急制动
【参考答案】B

94. 在泥泞路段行车容易出现什么现象？

A. 行驶阻力大　　B. 车轮侧滑
C. 机动车颠簸　　D. 方向失控
【参考答案】B

95. 雾天对安全行车的主要影响是什么？

A. 易发生侧滑　　B. 能见度低
C. 行驶阻力大　　D. 视野变宽
【参考答案】B

96. 驾驶机动车遇到大雾或特大雾等能见

度过低天气时如何做？

A．开启前照灯低速行驶

B．开启雾灯低速行驶

C．选择安全地点停车

D．紧靠路边低速行驶

【参考答案】C

97．大雾天在高速公路遇事故不能继续行驶时，危险的做法是什么？

A．尽快离开机动车

B．尽量站到防护栏以外

C．开启危险报警闪光灯和雾灯

D．沿行车道到车后设置警告标志

【参考答案】D

98．在山区冰雪道路上遇到图示前车正在上坡的情况如何处置？

A．前车通过后再上坡

B．迅速超越前车上坡

C．低速超越前车上坡

D．紧随前车后上坡

【参考答案】A

99．在这种结冰的道路上怎样会车？

A．两车临近时减速

B．适当加速交会

C．提前减速缓慢交会

D．尽量靠近中线交会

【参考答案】C

100．在图示冰雪路面怎样跟车行驶？

A．保持较大的跟车距离

B．开启危险报警闪光灯

C．不断变换远近光灯

D．持续鸣喇叭提示前车

【参考答案】A

101．驾驶机动车在冰雪路面行车注意什么？

A．制动距离延长

B．抗滑能力变大

C．路面附着力变大

D．制动距离变短

【参考答案】A

102．在冰雪路面上减速或停车，要怎样降低车速？

A．充分利用行车制动器

B．充分利用发动机的牵制作用

C．充分利用驻车制动器

D．充分利用缓速器

【参考答案】B

103．当机动车在湿滑路面上行驶时，路面附着力随着车速的增加如何变化？

A．急剧增大   B．逐渐增大

C．急剧减小   D．没有变化

【参考答案】C

104．驾驶机动车在雨天临时停车注意什么？

A．开启危险报警闪光灯

B．开启前后雾灯

C．开启近光灯

D．在车后设置警告标志

【参考答案】A

105．在图示情况下驾驶人需要注意什么？

A．左侧机动车   B．右侧机动车

C．后方机动车   D．前方机动车

【参考答案】A

106．驾驶装有ABS系统的汽车怎样采取紧急制动？

A．用力踏制动踏板
B．间歇踏制动踏板
C．缓慢踏制动踏板
D．逐渐踏下制动踏板
【参考答案】A

107．怎样调整汽车座椅安全头枕的高度？
A．调整到头枕中心对正颈部
B．调整到头枕中心与颈部平齐
C．调整到头枕中心高出头顶
D．调整到头枕中心能支撑头部
【参考答案】D

108．最容易发生侧滑的路面是什么路面？
A．干燥混凝土路面
B．下雨开始时的路面
C．潮湿混凝土路面
D．大雨中的路面
【参考答案】B

109．在普通道路驾车遇暴雨，刮水器无法改善驾驶人视线，此时要采取的措施是什么？
A．减速行驶
B．集中注意力谨慎驾驶
C．立即减速靠边停驶
D．以正常速度行驶
【参考答案】C

110．在雨天哪类路面最容易发生侧滑？
A．刚下雨的路面
B．大雨过后路面
C．暴雨中的路面
D．大雨中的路面
【参考答案】A

111．夜间驾驶汽车在图示人行横道前遇行人横过时怎样行驶？
A．交替变换远近光灯绕过行人
B．开启近光灯绕过行人
C．使用远光灯绕过行人
D．停车让行人优先通过

【参考答案】D

112．夜间行车遇到后车发出图示超车信号时怎样行驶？
A．靠路中心减速行驶
B．加速甩掉后车
C．开启左转向灯警示
D．减速靠右侧让行

【参考答案】D

113．机动车在夜间行驶如何保证安全？
A．以最高设计车速行驶
B．降低速度，谨慎驾驶
C．保持现有速度行驶
D．以超过规定的最高车速行驶
【参考答案】B

114．夜间会车前，两车在相距150m之外交替变换前照灯远近光的作用是什么？
A．会车前两车之间相互提示
B．驾驶操作的习惯行为
C．便于双方观察前方情况
D．驾驶人之间的一种礼节
【参考答案】C

115．夜间驾驶机动车超车遇前车不让路时怎样处置？
A．连续鸣喇叭提示
B．开远光灯尾随行驶
C．保持距离等待让行
D．连续变换前照灯远、近光
【参考答案】C

116．夜间驾驶机动车遇到图示情况怎样超车？
A．开远光灯
B．交替使用远近光灯
C．开近光灯
D．开危险报警闪光灯

【参考答案】B

117. 夜间驾驶机动车遇到图示情况时怎样处理？
   A. 保持正常车速行驶
   B. 高速行驶避开灯光
   C. 减速或停车让行
   D. 开启远光灯对射

【参考答案】C

118. 驾驶汽车在山区道路下陡坡时，怎样利用发动机制动控制车速？
   A. 挂入空挡
   B. 挂入低速挡
   C. 踏下离合器踏板
   D. 挂入高速挡

【参考答案】B

119. 在图示山区道路怎样跟车行驶？
   A. 紧跟前车行驶
   B. 加大安全距离
   C. 减小跟车距离
   D. 尽快超越前车

【参考答案】B

120. 机动车驶近坡道顶端等影响安全视距的路段时，要如何保证安全？
   A. 快速通过
   B. 使用危险报警闪光灯
   C. 减速慢行并鸣喇叭示意
   D. 随意通行

【参考答案】C

121. 驾驶机动车上坡行驶如何保持充足动力？
   A. 在车速下降前减挡
   B. 在车速下降后减挡
   C. 在车速过低时减挡
   D. 尽量使用越级减挡

【参考答案】A

122. 下长坡控制车速最安全的方法是什么？
   A. 挂入空挡滑行
   B. 踏下离合器滑行
   C. 利用发动机制动
   D. 持续踏制动踏板

【参考答案】C

123. 上坡路段停车怎样使用行车制动？
   A. 比在平路时提前
   B. 比在平路时推迟
   C. 和平路时一样
   D. 要重踏制动踏板

【参考答案】B

124. 驾驶机动车在下坡路段停车怎样使用行车制动？
   A. 比在平路时提前
   B. 比在平路时推迟
   C. 和平路时一样
   D. 要轻踏制动踏板

【参考答案】A

125. 驾驶机动车在山区道路因故障停车需要注意什么？
   A. 选择下坡路段停放
   B. 选择上坡路段停放
   C. 选择平缓路段停放
   D. 选择坡顶位置停放

【参考答案】C

126. 山区上坡路段跟车过程中遇前车停车时怎么办？
   A. 从前车两侧超越
   B. 紧跟前车后停车
   C. 保持大距离停车
   D. 连续鸣喇叭提示

【参考答案】C

127. 驾驶机动车在山区道路怎样跟车行驶？
   A. 紧随前车之后
   B. 加大安全距离
   C. 减小纵向间距
   D. 尽快超越前车

【参考答案】B

128. 驾驶机动车遇到图示山路怎样通过？
   A. 前方左侧是傍山险路
   B. 靠路左侧行驶
   C. 选择路中心行驶

D. 靠右侧低速通过

【参考答案】D

129. 驾驶机动车在山区道路遇到图示情况怎样行驶？

A. 靠路左侧，加速绕行
B. 停车瞭望，缓慢通过
C. 注意观察，尽快通过
D. 勤鸣喇叭，低速通行

【参考答案】C

130. 驾驶机动车在图示山区弯道怎样转弯最安全？

A. 靠弯道外侧行驶
B. 减速、鸣喇叭、靠右行
C. 借用对向车道行驶
D. 靠道路中心行驶

【参考答案】B

131. 驾驶机动车在图示山区弯路怎样行驶？

A. 占对向车道行驶
B. 靠右侧减速行驶
C. 在道路中心行驶
D. 紧靠路右侧行驶

【参考答案】B

132. 驾驶机动车在图示山区道路遇到这种情况如何处理？

A. 各行其道加速交会
B. 紧靠路中心行驶
C. 保持正常车速行驶
D. 减速行驶

【参考答案】D

133. 下长坡连续使用行车制动会造成什么不良后果？

A. 缩短发动机使用寿命
B. 驾驶人容易疲劳
C. 容易造成机动车倾翻
D. 制动器制动效果下降

【参考答案】D

134. 下长坡时，控制车速的正确方法是什么？

A. 空挡滑行
B. 挂低速挡
C. 踏下离合器踏板滑行
D. 使用驻车制动器

【参考答案】B

135. 驾驶汽车在进出隧道时应注意什么？

A. 开启远光灯
B. 适当提高车速
C. 关闭近光灯
D. 提前降低车速

【参考答案】D

136. 通过这种路面条件较好的窄桥怎样控制车速？

A. 不超过60km/h
B. 不超过50km/h
C. 不超过40km/h
D. 不超过30km/h

【参考答案】D

137. 当高速公路上车辆发生故障时，人员应当疏散到图示哪个位置？

A．位置A　　　　B．位置B
C．位置C　　　　D．位置D

【参考答案】D

138. 当车辆驶出隧道时，驾驶人易出现图示的"明适应"现象，以下做法正确的是什么？

A．加速驶出隧道

B．减少与前车距离，利用前车挡住强光

C．与前车保持安全距离，降低行驶车速，驶出隧道

D．变更至车辆较少的车道，迅速驶出隧道

【参考答案】C

139. 驾驶机动车遇到这种情况怎样安全通过？

A．靠右侧正常通过

B．鸣喇叭，加速通过隧道

C．停车礼让对面车先通过

D．开前照灯告知对面车让行

【参考答案】C

140. 驾驶机动车怎样经过公路跨线桥？

A．加速行驶，尽快通过

B．车速控制在15km/h以内

C．按照标志限定速度行驶

D．尽量靠桥中心行驶

【参考答案】C

141. 驾驶机动车在图示情况下正确的做法是什么？

A．立即超越

B．连续鸣喇叭提醒

C．保持安全距离超越

D．鸣喇叭加速超越

【参考答案】C

142. 驾驶机动车看到图示标志需要注意什么？

A．减速、观察、慢行

B．鸣喇叭驱赶牲畜

C．从牲畜的空隙中穿过

D．低速行驶冲开牲畜群

【参考答案】A

143. 驾驶机动车在雨天遇到撑雨伞和穿雨衣的行人在路边行走怎样礼让？

A．以正常速度行驶

B．临近鸣喇叭示意

C．加速从左侧绕行

D．提前减速鸣喇叭

【参考答案】D

144. 驾驶机动车遇到图示的行人怎样行驶？

A．从其前方绕过

B．从其身后绕行

C．鸣喇叭提醒

D．主动停车礼让

147

【参考答案】D

145. 驾驶机动车遇到图示的行人怎样礼让?
A. 加速从前方绕过
B. 加速从身后绕行
C. 减速或停车让行
D. 连续鸣喇叭提醒

【参考答案】C

146. 驾驶机动车看到图示的儿童怎样行驶?
A. 紧跟在后面行驶
B. 从左侧加速让过
C. 鸣喇叭示意让道
D. 减速或停车避让

【参考答案】D

147. 驾驶机动车遇到图示的情景怎样行驶?
A. 连续鸣喇叭
B. 快速通过
C. 减速慢行
D. 从一侧绕行

【参考答案】C

148. 驾驶机动车遇到图示情况要如何行驶?
A. 低速缓慢通过
B. 加速通过
C. 连续鸣喇叭通过
D. 保持正常车速通过

【参考答案】A

149. 驾驶机动车遇到图示情形应该注意什么?
A. 预防机动车侧滑
B. 预防行人横穿
C. 尽快加速通过
D. 持续鸣喇叭

【参考答案】B

150. 驾驶机动车突然遇到图示情况应怎样做?
A. 减速或停车让行
B. 从行人前方绕行
C. 持续鸣喇叭提醒
D. 从行人后方绕行

【参考答案】A

151. 驾驶机动车遇到图示行人应该注意什么?
A. 在路中心行驶
B. 持续鸣喇叭
C. 加速超越
D. 注意观察动态

【参考答案】D

152. 驾驶机动车在拥堵的路口遇到图示情况怎样处置?
A. 逼其回原车道

B．紧跟前车不让行
C．礼让通行
D．鸣喇叭开前照灯

【参考答案】C

153．驾驶机动车在交叉路口遇到图示情况如何对待？

A．直接进入路口内等待
B．在路口停止线外等待
C．从右侧非机动车道通过
D．借对向车道通过路口

【参考答案】B

154．驾驶机动车遇到图示情况怎么办？

A．紧跟前车后方行驶
B．迅速从车左侧超越
C．保持较大跟车距离
D．迅速从车右侧超越

【参考答案】C

155．驾驶机动车遇到图示情形怎么办？

A．迅速从车左侧超越
B．保持较大跟车距离
C．连续鸣喇叭告知
D．迅速从车右侧超越

【参考答案】B

156．遇到图示拥堵路段通行缓慢时怎样行驶？

A．依次跟车行驶
B．从右侧超越
C．靠边停车等待
D．从左侧超越

【参考答案】A

157．超车过程中，被超车辆突然加速怎么办？

A．加速迅速超越
B．变换远近光灯超越
C．减速放弃超车
D．持续鸣喇叭超越

【参考答案】C

158．行车中遇抢救伤员的救护车从本车道逆向驶来时，要怎样做？

A．靠边减速或停车让行
B．占用其他车道行驶
C．加速变更车道避让
D．在原车道内继续行驶

【参考答案】A

159．驾驶机动车遇到图示特殊情况怎样行驶？

A．靠左侧减速让行
B．靠右侧减速让行
C．加速靠左侧让行
D．保持原行驶路线

【参考答案】A

160．在路口遇到图示情况的行人，如何做到礼让？

A．在远处鸣喇叭催促
B．从行人间低速穿过
C．加速从行人前绕过
D．停车等待行人通过

【参考答案】D

161．驾驶机动车在图示情况下怎样礼让行人？

A．等行人通过后再起步

B．起步从行人前方绕过

C．鸣喇叭告知行人让道

D．起步后缓慢靠近行人

【参考答案】A

162．看到图示手势信号时怎样行驶？

A．直行通过路口

B．靠路边停车

C．进入左弯待转区

D．在路口向右转弯

【参考答案】D

163．看到图示手势信号时怎样行驶？

A．在路口向左转弯

B．停车等待

C．在路口直行

D．进入左弯待转区

【参考答案】B

164．看到图示手势信号时怎样行驶？

A．直行通过路口　　B．停车等待

C．在路口向右转弯　D．在路口向左转弯

【参考答案】B

165．看到图示手势信号时怎样行驶？

A．直行通过路口

B．停在停止线外等待

C．在路口向左转弯

D．在路口减速慢行

【参考答案】C

166．看到图示手势信号时怎样行驶？

A．停车等待　　　　B．直行通过路口

C．在路口向右转弯　D．在路口向左转弯

【参考答案】A

167．图示红框内车辆可以怎样行驶？

A．不可左转弯

B．可以右转，但要避让同向直行车辆

C．可以左转，但要避让对向直行车辆

D．可以直行

【参考答案】C

168．图示道路右侧标志提示哪种车型不能通行？
A．大型货车　　　B．大型客车
C．各种机动车　　D．小型客货车

【参考答案】C

169．图示道路右侧标志表示什么？
A．前方道路靠右侧行驶
B．前方道路不允许直行
C．前方是直行单行路
D．前方注意右侧路口

【参考答案】C

170．图示道路立体交叉处的标志提示什么？
A．向右转弯　　　B．直行和左转弯
C．直行和右转弯　D．在桥下掉头

【参考答案】C

171．图示道路立体交叉处这个标志提示什么？
A．向右转弯　　　B．直行和左转弯
C．直行和右转弯　D．在桥下掉头

【参考答案】B

172．驾驶考试一般到什么部门考？
A．交通局　　　　B．驾校
C．驾考网　　　　D．公安交管局

【参考答案】D

173．图示道路右侧标志是何含义？
A．允许长时停放车辆
B．可以临时停车
C．允许长时停车等客
D．不允许停放车辆

【参考答案】B

174．图示道路右侧标志是何含义？
A．不允许停放车辆
B．允许临时停车
C．允许停车上下客
D．允许停车装卸货

【参考答案】A

175．图示道路右侧标志警示前方是什么路口？
A．T形交叉路口
B．Y形交叉路口
C．十字交叉路口
D．环行交叉路口

【参考答案】D

176. 遇到图示情况时怎样行驶？
A. 禁止车辆在两侧车道通行
B. 减速进入两侧车道行驶
C. 进入右侧车道行驶
D. 加速进入两侧车道行驶

【参考答案】A

177. 驾驶机动车遇到图示情况怎样行驶？
A. 加速从左侧超越
B. 连续鸣喇叭告知
C. 紧跟在自行车后
D. 减速避让自行车

【参考答案】D

178. 在图示公交车站怎样预防公交车突然起步？
A. 在公交车后停车
B. 迅速超越公交车
C. 减速，缓慢超越
D. 连续鸣喇叭提醒

【参考答案】C

179. 驾驶机动车在图示情况下注意什么？

A. 行人从车后穿出
B. 行人从车前穿出
C. 公交车突然倒车
D. 公交车突然起步

【参考答案】B

180. 驾驶机动车通过居民小区遇到图示情况怎样处置？
A. 立即停车　　B. 加速通过
C. 连续鸣喇叭　　D. 减速慢行

【参考答案】A

181. 使用已有裂纹或损伤的轮胎容易引起什么后果？
A. 向一侧偏驶
B. 爆胎
C. 转向困难
D. 行驶阻力增大

【参考答案】B

182. 驾驶机动车在居民小区遇到图示情况怎样安全行驶？
A. 鸣喇叭提示行人
B. 加速，尽快通过
C. 保持正常行驶
D. 减速，准备停车

【参考答案】D

183. 驾驶机动车在学校门口遇到图示情况怎样行驶？
A. 从列队前方绕过
B. 减速慢行通过

C. 及时停车让行
D. 从列队空隙穿过

【参考答案】C

184. 驾驶机动车看到路边有图示标志时怎样行驶？
A. 采取紧急制动
B. 减速注意观察
C. 断续鸣喇叭
D. 做好绕行准备

【参考答案】B

185. 驾驶机动车遇到图示情况的人行横道怎样通过？
A. 减速通过
B. 加速通过
C. 鸣喇叭通过
D. 紧急制动

【参考答案】A

186. 驾驶机动车在图示位置怎样安全通过？
A. 加速从行人前通过
B. 从行人后绕行通过
C. 减速、鸣喇叭示意
D. 停车等待行人通过

【参考答案】D

187. 驾驶机动车怎样安全通过图示铁路道口？
A. 换空挡利用惯性通过
B. 进入道口后换低速挡
C. 进入道口前减速减挡
D. 道口内停车左右观察

【参考答案】C

188. 驾驶机动车怎样通过图示铁路道口？
A. 换空挡，滑行通过
B. 一停、二看、三通过
C. 加速、观察、快通过
D. 减速、观察、慢通过

【参考答案】B

189. 遇到图示的路口，以下哪种做法是正确的？
A. 快速闪烁前照灯，提醒前方车辆快速驶离路口
B. 紧急制动保证车辆能够在停车线前停止
C. 降低车速确认安全后通过
D. 以上行为都是正确的

【参考答案】C

190. 在图示路口遇到行人突然横穿怎么办？
A. 减速或停车让行
B. 鸣喇叭示意其让道
C. 抢在行人之前通过
D. 向右变道绕过行人

【参考答案】A

191. 驾驶机动车驶近图示主支干道交汇处要注意什么？

　　A. 提前减速，注意机动车
　　B. 保持正常速度行驶
　　C. 鸣喇叭，迅速通过
　　D. 提前加速，快速通过

【参考答案】A

192. 驾驶机动车驶出图示环岛路口怎样使用灯光？

　　A. 开启左转向灯　　B. 开启报警闪光灯
　　C. 不用开转向灯　　D. 开启右转向灯

【参考答案】D

193. 驾驶机动车进入这个路口怎样使用灯光？

　　A. 开启右转向灯
　　B. 开启危险报警闪光灯
　　C. 不用开启转向灯
　　D. 开启左转向灯

【参考答案】C

194. 驾驶机动车在路口遇到图示情况的行人怎么办？

　　A. 及时减速停车让行
　　B. 鸣喇叭示意其让道
　　C. 加速从行人前通过
　　D. 开前照灯示意其让道

【参考答案】A

195. 驾驶机动车在路口直行遇到图示情况怎么办？

　　A. 鸣喇叭示意其让行
　　B. 加速从车前通过
　　C. 开前照灯示意其让行
　　D. 减速或停车让行

【参考答案】D

196. 驾驶机动车在图示路口怎样右转弯行驶？

　　A. 沿直行车道右转弯
　　B. 停止线前停车等待
　　C. 沿右侧道路右转弯
　　D. 借非机动车道右转

【参考答案】C

197. 驾驶机动车在图示条件的弯道处怎样转弯最安全？

　　A. 减速靠右侧行驶　　B. 骑轧路中心行驶
　　C. 靠弯道外侧行驶　　D. 借对向车道行驶

【参考答案】A

198. 在图示条件的道路上怎样安全行驶？
A．靠路右侧转小弯
B．靠弯路中心转弯
C．借对向车道转弯
D．靠路右侧转大弯

【参考答案】D

199. 在图示条件的道路上怎样行驶才安全？
A．靠路左侧转大弯
B．靠弯路中心转弯
C．靠路右侧转小弯
D．借对向车道转弯

【参考答案】C

200. 驾驶机动车遇到图示情况怎样做行驶最安全？
A．鸣喇叭或开前照灯
B．减速靠右侧行驶
C．尽量靠路中心行驶
D．沿道路左侧行驶

【参考答案】B

201. 驾驶机动车遇到沙尘、冰雹、雾、雨、雪等低能见度条件时，应该怎样做？
A．开启前照灯、示廓灯和后位灯
B．高频率鸣喇叭使其他交通参与者知道自己的位置
C．同向跟车较近时，应使用远光灯
D．适当提高车速，尽快到达目的地，结束行车

【参考答案】A

202. 夜间驾驶汽车通过十字交叉路口交替使用远近光灯的目的是什么？
A．使其他交通参与者更容易发现自己
B．更容易看清路面情况
C．提醒其他车辆我在让行
D．以上说法都不对

【参考答案】A

203. 在图示的大雨中，跟车行驶时使用近光灯的目的是？
A．不干扰前车视线，有利自己看清道路
B．提醒前方车辆让行
C．提醒前方车辆减速
D．以上说法都正确

【参考答案】A

204. 机动车驶入双向行驶隧道前，要如何使用灯光？
A．开启危险报警闪光灯
B．开启远光灯
C．开启雾灯
D．开启近光灯

【参考答案】D

205. 夜间驾驶机动车在照明条件良好的路段跟车行驶怎样使用灯光？
A．关闭前照灯　　　　B．使用远光灯
C．关闭所有车灯　　　D．使用近光灯

【参考答案】D

206. 夜间驾驶机动车遇到图示情况怎样使用灯光？
A．临近时关闭前照灯
B．使用近光灯
C．使用远光灯
D．提前关闭所有灯光

【参考答案】B

207．机动车在夜间通过没有交通信号灯控制的交叉路口时，要怎样使用灯光？
A．使用远光灯
B．使用近光灯
C．使用危险报警闪光灯
D．交替使用远近光灯示意
【参考答案】D

208．夜间机动车通过照明条件良好的路段时，要怎样使用灯光？
A．前后雾灯
B．近光灯
C．远光灯
D．危险报警闪光灯
【参考答案】B

209．夜间驾驶机动车在窄路或者窄桥遇自行车对向驶来时，要怎样使用灯光？
A．连续变换远、近光灯
B．使用示廓灯
C．使用远光灯
D．使用近光灯
【参考答案】D

210．机动车倒车时遇到这种情况怎样做以保证安全？
A．低速缓慢倒车   B．主动停车避让
C．连续鸣喇叭示意 D．向右转向倒车

【参考答案】B

211．驾驶机动车在图示路口怎样掉头？
A．经左弯待转区进行掉头
B．在路口虚线处进行掉头
C．左转信号灯亮时方可掉头
D．直行信号灯亮时方可掉头

【参考答案】B

212．图示小型汽车驾驶人错在哪里？
A．没有开启转向灯
B．没有鸣喇叭警示
C．未观察左后方情况
D．驾驶人没有错误

【参考答案】C

213．机动车停车的错误做法是什么？
A．应当在规定地点停放
B．禁止在人行道上停放
C．在道路上临时停车时，不得妨碍其他机动车和行人通行
D．可以停放在非机动车道上
【参考答案】D

214．机动车在雪天临时停车时，应开启什么灯？
A．前后防雾灯、示廓灯和后位灯
B．倒车灯、示廓灯和后位灯
C．前照灯、示廓灯和后位灯
D．危险报警闪光灯、示廓灯和后位灯
【参考答案】D

215．机动车在夜间临时停车时，应开启什么灯？
A．前后防雾灯、示廓灯和后位灯
B．前照灯、示廓灯和后位灯
C．危险报警闪光灯、示廓灯和后位灯
D．倒车灯、示廓灯和后位灯
【参考答案】C

216．机动车在雾天临时停车时，应开启什么灯？
A．危险报警闪光灯、示廓灯和后位灯
B．左转向灯、示廓灯和后位灯
C．前照灯、示廓灯和后位灯
D．倒车灯、示廓灯和后位灯
【参考答案】A

217．机动车在雨天临时停车时，应开启什么灯？
A．前后防雾灯

B．危险报警闪光灯
C．前照灯
D．倒车灯

【参考答案】B

218．驾乘人员下车时要怎样做以保证安全？
A．停车后立即开门下车
B．观察前方交通情况
C．先开车门再观察侧后情况
D．先观察侧后情况，再缓开车门

【参考答案】D

219．行驶过程中遇图示前方有障碍物的情况怎么办？
A．减速靠右行驶
B．抢在绿车前绕过障碍
C．开启左转向灯
D．借对向车道绕过障碍

【参考答案】A

220．超车时，发现前方机动车正在超车，驾驶人怎么办？
A．紧跟其后，伺机超越
B．加速强行超越
C．连续鸣喇叭催前车让路
D．停止超车，让前方机动车先超车

【参考答案】D

221．超车时前方机动车不减速、不让道，驾驶人怎么办？
A．连续鸣喇叭加速超越
B．加速继续超越
C．停止继续超车
D．紧跟其后，伺机再超

【参考答案】C

222．在这种情况下被超机动车驾驶人怎样应对？
A．鸣喇叭进行警告
B．减速或靠右停车
C．开远光灯抗议
D．加速反超后告诫

【参考答案】B

223．驾驶机动车遇到这种情况怎样行驶？
A．减速让非机动车先行
B．连续鸣喇叭告知让道
C．从非机动车左侧绕过
D．占对向车道加速超越

【参考答案】A

224．驾驶机动车在这种情况下怎样做？
A．从前车左侧超越
B．占对向车道超越
C．从前车右侧超越
D．跟在前车后行驶

【参考答案】D

225．驾驶机动车遇到这种情况怎样礼让？
A．迅速加速行驶
B．紧跟前车行驶
C．靠右加速行驶
D．靠右减速让行

【参考答案】D

226．驾驶机动车超车时遇到这样的情况怎样保证安全？
A．减速保持安全距离

B．连续鸣喇叭提示
C．保持距离加速通过
D．占用对向车道超越

【参考答案】A

227．驾驶机动车在这种道路上怎样行驶最安全？

A．尽快加速超越前车
B．鸣喇叭让前车让路
C．保持距离跟车行驶
D．从前车的右侧超越

【参考答案】C

228．驾驶机动车遇到图示情况怎样做最安全？

A．尽快加速超越前车
B．主动减速放弃超车
C．鸣喇叭让前车让路
D．开前照灯让对向来车让速

【参考答案】B

229．驾驶机动车在图示的路面如何安全行驶？

A．空挡滑行通过　　B．保持高速通过
C．适当加速通过　　D．低速缓慢通过

【参考答案】D

230．驾驶机动车在图示情况下怎样安全行驶？

A．加速抢先绕过障碍物
B．占对向车道迫使对向来车让道
C．停车让对向来车优先通行
D．鸣喇叭或开启前照灯

【参考答案】C

231．机动车在狭窄的坡路会车时，正确的会车方法是什么？

A．下坡车让上坡车
B．坡顶交会时距离坡顶远的一方让行
C．上坡车让下坡车
D．下坡车已行至中途而上坡车未上坡时，让上坡车

【参考答案】A

232．会车中道路一侧有障碍，双方机动车应如何做？

A．无障碍一方让对向先行
B．速度慢的让速度快的先行
C．有障碍的一方让对向先行
D．速度快的让速度慢的先行

【参考答案】C

233．驾驶机动车遇到图示情况怎样行驶最安全？

A．减速或停车让行　　B．紧靠路中心行驶
C．保持正常车速　　　D．占对向车道会车

【参考答案】A

234．驾驶人进入驾驶室前，首先要做什么？

A．观察机动车周围情况
B．不用观察周围情况
C．开启车门直接上车

D．注意观察天气情况

【参考答案】A

235．出车前对轮胎进行哪些方面的检查？

A．什么也不用检查
B．轮胎有没有清洗
C．备胎在什么位置
D．轮胎的紧固和气压

【参考答案】D

236．在图示情况下怎样会车最安全？

A．靠中心线行驶　　B．开前照灯行驶
C．向路右侧避让　　D．向车左侧避让

【参考答案】C

237．驾驶机动车在图示道路上怎样会车最安全？

A．靠路中心行驶　　B．靠路右侧行驶
C．在路中间行驶　　D．靠路左侧行驶

【参考答案】B

238．在图示情况下从主路进入辅路怎样汇入车流？

A．注意观察减速慢行
B．加速进入辅路行驶
C．从红车后汇入车流
D．从红车前汇入车流

【参考答案】A

239．驾驶机动车在图示情况下怎样汇入主路车流？

A．加速直接汇入车流
B．从主路内灰色车后汇入车流
C．从主路内红色车前汇入车流
D．开启转向灯直接汇入车流

【参考答案】B

240．驾驶机动车在图示路口怎样左转弯行驶？

A．沿直行车道左转
B．进入左转弯待转区
C．进入直行等待区
D．沿左车道左转弯

【参考答案】B

241．驾驶机动车直行通过图示路口怎样行驶？

A．接近路口时减速慢行
B．进入路口后再减速慢行
C．可以不减速直接通过
D．提前加速通过交叉路口

【参考答案】A

242．驾驶机动车在有图示标志的路口怎样通过最安全？

A．停车观察路口情况
B．加速尽快进入路口
C．减速缓慢进入路口
D．减速观察左后方情况

【参考答案】A

243．驾驶机动车在有图示标志的路口怎样通过最安全？

A．停车观察路口情况

B．加速尽快进入路口

C．减速观察左后方情况

D．减速缓慢进入路口

【参考答案】D

244．动画1中有几种违法行为？

A．一种违法行为

B．二种违法行为

C．三种违法行为

D．四种违法行为

【参考答案】B

245．动画2中有几种违法行为？

A．一种违法行为

B．二种违法行为

C．三种违法行为

D．四种违法行为

【参考答案】C

246．动画3中有几种违法行为？

A．一种违法行为

B．二种违法行为

C．三种违法行为

D．四种违法行为

【参考答案】C

247．动画4中有几种违法行为？

A．一种违法行为

B．二种违法行为

C．三种违法行为

D．四种违法行为

【参考答案】C

248．动画5中有几种违法行为？

A．一种违法行为　　B．二种违法行为

C．三种违法行为　　D．四种违法行为

【参考答案】B

249．动画6中有几种违法行为？

A．一种违法行为

B．二种违法行为

C．三种违法行为

D．四种违法行为

【参考答案】 B

250. 动画7中有几种违法行为？
A. 一种违法行为
B. 二种违法行为
C. 三种违法行为
D. 四种违法行为

【参考答案】 B

251. 动画8中有几种违法行为？
A. 一种违法行为
B. 二种违法行为
C. 三种违法行为
D. 四种违法行为

【参考答案】 B

252. 周某驾驶一辆轻型厢式货车（搭载22人）行驶至丙察公路79km加150m处时，坠入道路一侧山崖，造成12人死亡、10人受伤。周某的主要违法行为是什么？
A. 驾驶逾期未检验的机动车
B. 货运机动车载客

C. 超速行驶
D. 疲劳驾驶

【参考答案】 B

253. 赵某（持有A2驾驶证）驾驶大型卧铺客车，行驶至叶城县境内219国道226km加215m处转弯路段时，坠入道路一侧山沟，致16人死亡，26人受伤。赵某的主要违法行为是什么？
A. 客车超员
B. 驾驶逾期未检验的机动车
C. 驾驶与准驾车型不符的机动车
D. 疲劳驾驶

【参考答案】 C

254. 图示事故中造成这个驾驶人致命伤害的原因是什么？
A. 没有系安全带
B. 离转向盘距离过近
C. 没有握紧转向盘
D. 安全气囊没有打开

【参考答案】 A

255. 机动车在紧急制动时ABS系统会起到什么作用？
A. 缩短制动距离
B. 保持转向能力
C. 减轻制动惯性
D. 自动控制方向

【参考答案】 B

256. 在图示气象条件下起步要注意哪些方面？
A. 开启远光灯
B. 开启前后雾灯
C. 只能开启左转向灯
D. 长时间鸣喇叭

【参考答案】B

257．大雾天在高速公路遇事故不能继续行驶时怎样处置？

A．车上人员要迅速从左侧车门离开

B．在来车方向100m处设置警告标志

C．开启危险报警闪光灯和远光灯

D．车上人员站到护栏以外安全的地方

【参考答案】D

258．机动车在什么样的路面上制动时车轮最容易抱死？

A．混凝土路　　　B．土路

C．冰雪路面　　　D．沙土路

【参考答案】C

259．驾驶未安装制动防抱死系统（ABS）的机动车在冰雪路面怎样使用制动？

A．轻踏或间歇踩踏制动踏板

B．与其他路面一样踏制动踏板

C．重踏制动踏板

D．猛踏制动踏板

【参考答案】A

260．大雨天在高速公路行车时，怎样避免发生"水滑"现象？

A．安装防滑装置

B．提高车速行驶

C．降低车速行驶

D．断续使用制动

【参考答案】C

261．机动车发生撞击的位置不在驾驶人一侧或撞击力量较小时，驾驶人不正确的做法是什么？

A．紧握转向盘

B．两腿向前蹬

C．从一侧跳车

D．身体向后紧靠座椅

【参考答案】C

262．行车中发动机突然熄火怎样处置？

A．紧急制动停车

B．缓慢减速停车

C．挂空挡滑行

D．关闭点火开关

【参考答案】B

263．下坡路制动突然失效后，不可采用的办法是什么？

A．将机动车向上坡道方向行驶

B．用车身靠向路旁的岩石或树林碰擦

C．利用道路边专设的避险车道停车

D．拉紧驻车制动器操纵杆或越二级挡位减挡

【参考答案】D

264．下坡路行车中制动突然失效怎样处置？

A．可利用避险车道减速停车

B．越二级挡位减挡

C．挂倒挡迫使停车

D．拉紧驻车制动器操纵杆减速

【参考答案】A

265．高速行车中行车制动突然失灵时，驾驶人要如何制动？

A．连续踩踏制动踏板

B．抢挂低速挡减速后，使用驻车制动

C．迅速踏下离合器踏板

D．迅速拉紧驻车制动器操纵杆

【参考答案】B

266．驾驶机动车在铁路道口看到图示信号灯时怎样行驶？

A．边观察边缓慢通过

B．不换挡加速通过

C．在火车到来前通过

D．不得越过停止线

【参考答案】D

267．驾驶机动车遇到图示信号灯不断闪烁时怎样行驶？

A．尽快加速通过

B．靠边停车等待

C．注意瞭望安全通过

D．禁止通行

科目四　单选题　第4章

【参考答案】C
268．图示路口允许车辆怎样行驶？
A．向左、向右转弯
B．直行或向左转弯
C．向左转弯
D．直行或向右转弯

【参考答案】D
269．驾驶人边驾车边吸烟的做法有什么影响？
A．妨碍安全驾驶　　B．可提高注意力
C．可缓解驾驶疲劳　D．不影响驾驶操作
【参考答案】A

270．发现前方机动车停车排队缓慢行驶时，属于交通陋习的是什么行为？
A．加塞抢行
B．不强行超车
C．停车或依次行驶
D．不占用非机动车道行驶
【参考答案】A

271．机动车在道路上行驶时，属于交通陋习的是什么行为？
A．按规定使用灯光
B．带行驶证、驾驶证
C．随意向车外抛洒物品
D．遵守交通信号
【参考答案】C

272．驾驶机动车变更车道时，属于交通陋习的是什么行为？
A．提前开启转向灯
B．仔细观察后变更车道
C．随意并线
D．不得妨碍其他车道正常行驶的车
【参考答案】C

273．驾驶机动车遇到图示情况怎样应对？
A．连续鸣喇叭警告
B．加速从前方绕过
C．出现危险再减速
D．主动减速让行

【参考答案】D
274．机动车驶出高速公路隧道口时，如遇横风会明显出现什么情况？
A．减速感　　B．加速感
C．压力感　　D．方向偏移
【参考答案】D

275．驾驶机动车驶入高速公路匝道后，以下哪种说法是正确的？
A．允许超车　　B．不准掉头
C．允许停车　　D．可以倒车
【参考答案】B

276．机动车在高速公路行驶，以下哪种说法是正确的？
A．可在应急车道停车上下人员
B．可在紧急停车带停车装卸货物
C．可在减速或加速车道上超车、停车
D．非紧急情况时不得在应急车道行驶或者停车
【参考答案】D

277．高速公路上行车，如果因疏忽驶过出口且下一出口距离较远时怎样做？
A．沿路肩倒车驶回
B．继续向前行驶
C．立即停车
D．在原地掉头
【参考答案】B

278．在泥泞路段行车，要怎样控制速度，匀速一次性通过？
A．使用驻车制动器
B．踏下离合器踏板
C．踏制动踏板
D．用加速踏板
【参考答案】D

279．大风天气行车，由于风速和风向不断地发生变化，当感到转向盘突然难以控制时，驾驶人要怎样做？
A．逆风向转动转向盘

163

B． 顺风向转动转向盘

C． 采取紧急制动

D． 双手稳握转向盘

【参考答案】D

280． 机动车在雾天行驶时，要开启什么灯？

A． 雾灯和危险报警闪光灯

B． 雾灯和转向灯

C． 雾灯和远光灯

D． 雾灯和近光灯

【参考答案】A

281． 驾驶机动车在雾天两车交会时怎样做最安全？

A． 开启远光灯　　B． 低速大间距

C． 开启近光灯　　D． 开启雾灯

【参考答案】B

282． 驾驶机动车在雾天怎样跟车行驶？

A． 保持大间距　　B． 开启远光灯

C． 开启近光灯　　D． 适时鸣喇叭

【参考答案】A

283． 驾驶机动车在图示落石多发的山区道路行驶，以下说法正确的是什么？

A． 尽量靠道路左侧通行

B． 停车瞭望，缓慢通过

C． 尽量避免临时停车

D． 勤鸣喇叭，低速通行

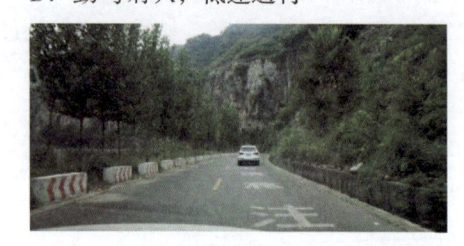

【参考答案】C

284． 驾驶机动车遇图示前方白色车辆，以下说法正确的是什么？

A． 快速超越前车

B． 只要对向无来车，可进行超车

C． 保持安全距离，跟车行驶

D． 鸣喇叭示意让行

【参考答案】C

285． 抢救失血伤员时，要先采取什么措施？

A． 观察　　　　B． 包扎

C． 止血　　　　D． 询问

【参考答案】C

286． 抢救昏迷失去知觉的伤员需注意什么？

A． 马上实施心肺复苏

B． 使劲掐伤员的人中

C． 连续拍打伤员面部

D． 抢救前先检查呼吸

【参考答案】D

287． 在事故现场抢救伤员的基本要求是什么？

A． 先治伤，后救命

B． 先救命，后治伤

C． 先帮助轻伤员

D． 后救助重伤员

【参考答案】B

第5章　科目四　多选题

1. 通过泥泞道路时，以下做法正确的是什么？
   A. 尽量避免中途换挡
   B. 停车观察前方道路
   C. 提前换入低速挡
   D. 避免使用行车制动
   【参考答案】ABCD

2. 大风沙尘天气行车，以下做法正确的是什么？
   A. 注意观察路面情况
   B. 握稳转向盘
   C. 降低行驶速度
   D. 关紧门窗
   【参考答案】ABCD

3. 唐某驾驶一辆大客车，乘载74人（核载30人），以每小时38km的速度，行至一连续下陡坡转弯路段时，机动车翻入路侧溪水内，造成17人死亡、57人受伤。唐某的主要违法行为是什么？
   A. 酒后驾驶
   B. 客车超员
   C. 疲劳驾驶
   D. 超速行驶
   【参考答案】BD

4. 吴某驾驶一辆大客车，乘载33人（核载22人），行至163县道7km加300m处时，机动车失控坠入伏牛山山沟，造成10人死亡、21人受伤。事后经酒精检测，吴某血液酒精含量为26mg/100ml。吴某的主要违法行为是什么？
   A. 超速行驶
   B. 客车超员
   C. 疲劳驾驶
   D. 酒后驾驶
   【参考答案】BD

5. 钱某驾驶大型卧铺客车，乘载45人（核载40人），保持40km/h以上的车速行至睢宁县桃园境内连续下坡急转弯路段处，翻下100m深的山崖，造成17人死亡、20人受伤。钱某的主要违法行为是什么？
   A. 驾驶时接听手持电话
   B. 超速行驶
   C. 客车超员
   D. 疲劳驾驶
   【参考答案】BC

6. 李某驾驶一辆大客车，乘载21人（核载35人），行驶途中察觉制动装置有异常但未处理，行至双岛海湾大桥时时速为50km/h（该路段限速40km/h），因制动失灵坠入海中，造成13人死亡、8人受伤。李某的主要违法行为是什么？
   A. 超速行驶
   B. 疲劳驾驶
   C. 客车超员
   D. 驾驶具有安全隐患的机动车
   【参考答案】AD

7. 图示小型客车驾车人有哪些违法行为？
   A. 接打手持电话
   B. 无证驾驶
   C. 酒后驾驶
   D. 未系安全带
   【参考答案】ABCD

8. 行车中驾驶人接打手机或发短信有什么危害？
   A. 影响乘车人休息
   B. 分散驾驶注意力
   C. 影响正常驾驶操作

D. 遇紧急情况反应不及
【参考答案】BCD

9. 下列做法哪些可以有效避免驾驶疲劳？
A. 连续驾驶不超过4h
B. 用餐不宜过饱
C. 保持良好的睡眠
D. 餐后适当休息后驾车
【参考答案】ABCD

10. 某日3时40分，孙某驾驶大客车（乘载54人、核载55人）行至随岳高速公路229km加300m处，在停车下客过程中，被后方驶来李某驾驶的重型半挂机动车追尾，造成26人死亡，29人受伤。事后查明，李某从昨日18时许出发，途中一直未休息。双方驾驶人的主要违法行为是什么？
A. 孙某违法停车
B. 孙某客车超员
C. 李某超速
D. 李某疲劳驾驶
【参考答案】AD

11. 陶某驾驶中型客车（乘载33人），行至许平南高速公路163km处时，以120km/h的速度与停在最内侧车道上安某驾驶的因事故无法移动的小客车（未设置警示标志）相撞，中型客车撞开右侧护栏侧翻，造成16死亡、15人受伤。双方驾驶人的主要违法行为是什么？
A. 陶某客车超员
B. 陶某超速行驶
C. 安某未按规定设置警示（告）标志
D. 安某违法停车
【参考答案】ABC

12. 周某夜间驾驶大货车在没有路灯的城市道路上以90km/h的速度行驶，一直开启远光灯，在通过一窄路时，因加速抢道，导致对面驶来的一辆小客车撞上右侧护栏。周某的主要违法行为是什么？
A. 超速行驶
B. 不按规定会车
C. 疲劳驾驶
D. 不按规定使用灯光
【参考答案】ABD

13. 关于停车，以下说法正确的是什么？
A. 应靠道路右侧

B. 开关车门不得妨碍其他车辆和行人通行
C. 交叉路口50m以内不得停车
D. 开左转向灯
【参考答案】ABC

14. 雨天驾驶机动车，不可以急踩制动踏板的主要原因是什么？
A. 易导致后车追尾
B. 会相应增大油耗
C. 易产生侧滑
D. 会相应减少油耗
【参考答案】AC

15. 雨天驾驶机动车，不宜超车的主要原因是什么？
A. 不能准确判断周围的车辆距离
B. 周围车辆驾驶人不容易看清超车信号
C. 道路湿滑，车辆易出现侧滑现象
D. 不能够及时发现危险情况
【参考答案】ABCD

16. 车辆发生"水滑"时，以下做法正确的是什么？
A. 不可急踩制动踏板
B. 逐渐松抬加速踏板，让车速逐渐减缓
C. 不得迅速转向
D. 立刻猛踏制动踏板，降低车速
【参考答案】ABC

17. 当看到图示标志时，应该想到什么？
A. 前方有人行横道
B. 应当相应减速行驶
C. 视野范围内无行人可以保持原速行驶
D. 视野范围内无行人可以适当加速通过

【参考答案】AB

18. 雨天驾驶机动车减速慢行的主要原因是什么？
A. 影响驾驶人视野
B. 过快的速度会使得机动车油耗增加
C. 制动距离会增大
D. 紧急制动易发生侧滑
【参考答案】ACD

19. 驾驶机动车遇到图示情况时，以下做法正确的是什么？

　　A．减速缓慢通过

　　B．鸣喇叭警示牲畜，以免牲畜冲入行车道发生事故

　　C．不能鸣喇叭，避免牲畜因惊吓窜入行车道

　　D．加速通过此事故隐患路段

【参考答案】AC

20. 驾驶机动车遇到图示情况时，以下做法正确的是什么？

　　A．停车等待动物穿过

　　B．鸣喇叭驱赶动物

　　C．下车驱赶动物

　　D．与动物保持较远距离

【参考答案】AD

21. 关于超车，以下说法正确的是什么？

　　A．超车前提前开启左转向灯，提醒前方被超车辆驾驶人

　　B．切换远、近光灯提醒前方被超车辆驾驶人

　　C．长时间鸣喇叭警示被超车辆驾驶人

　　D．完成超车后并回行车道要开启右转向灯

【参考答案】ABD

22. 驾驶机动车遇到图示情形，应如何安全通过？

　　A．减速慢行

　　B．注意观察

　　C．拉开横向安全距离

　　D．预防突然横过道路的行人

【参考答案】ABCD

23. 驾驶机动车临近停在车站的公交车时，以下做法正确的是什么？

　　A．降低车速

　　B．随时准备停车

　　C．尽快超越

　　D．加大横向安全距离

【参考答案】ABD

24. 驾驶机动车在居民区遇到图示情形，应如何安全驾驶？

　　A．紧跟其后行驶

　　B．低速慢行

　　C．连续鸣喇叭示意

　　D．保持必要的安全距离

【参考答案】BD

25. 在居民区内为了预防突发情况出现，驾驶人应如何安全驾驶？

　　A．注意观察，随时准备停车

　　B．进入小区前应降低车速

　　C．不与行人抢行

　　D．鸣喇叭示意行人让行

【参考答案】ABC

26．驾驶机动车通过学校门口时应注意什么？

A．注意观察标志标线

B．注意减速慢行

C．不要鸣喇叭

D．快速通过

【参考答案】ABC

27．机动车行经没有交通信号的道路，遇行人横过道路时，以下做法错误的是什么？

A．鸣喇叭催促

B．寻找间隙穿插驶过

C．减速或停车避让

D．绕前通过

【参考答案】ABD

28．掉头时，以下做法正确的是什么？

A．不开转向灯

B．提前开启左转向灯

C．在掉头车道掉头

D．在直行车道掉头

【参考答案】BC

29．停车时，以下做法正确的是什么？

A．按顺行方向停放

B．车身不得超出停车泊位

C．关闭电路

D．锁好车门

【参考答案】ABCD

30．关于停车，以下做法错误的是什么？

A．在交叉路口停车

B．在铁路道口停车

C．在山区易落石路段停车

D．在停车场停车

【参考答案】ABC

31．夜间路边临时停车，以下做法错误的是什么？

A．不开启灯光

B．开远光灯

C．开危险报警闪光灯

D．开启示廓灯、后位灯

【参考答案】AB

32．以下什么地点不能停车？

A．人行横道

B．停车场

C．山区容易塌方、泥石流路段

D．道路施划的停车泊位内

【参考答案】AC

33．应该选择什么地点停车？

A．停车场

B．道路施划的停车泊位内

C．人行横道

D．施工路段

【参考答案】AB

34．关于停车，以下说法正确的是什么？

A．应靠道路右侧

B．开关车门不得妨碍其他车辆和行人通行

C．交叉路口50m以内不得停车

D．开左转向灯

【参考答案】ABC

35．当您遇到以下车辆时，需要礼让的是什么？

A．救护车

B．消防车

C．警车

D．校车

【参考答案】ABCD

36．关于超车，以下说法正确的是什么？

A．超车时从前车左侧超越

B．超车时从前车右侧超越

C．超车完毕，立即开启右转向灯驶回原车道

D．超车完毕，与被超车拉开必要的安全距离后开启右转向灯驶回原车道

【参考答案】AD

37．关于超车，以下说法正确的是什么？

A．提前开启左转向灯

B．夜间交替使用远近光灯

C．鸣喇叭提示

D．加速从右侧超越

【参考答案】ABC

38．关于影响制动停车距离的因素，以下说法正确的是什么？

A．车辆行驶速度

B．驾驶人的反应时间
C．路面状况
D．载货量的多少以及制动器的结构形式等
【参考答案】ABCD

39．驾驶机动车遇图示情况应如何安全汇入车流？
A．加速直接汇入车流
B．认真观察主路车流情况
C．提前开启转向灯并降低车速
D．不得妨碍主路正常行驶车辆

【参考答案】BCD

40．跟车行驶时，要留有足够的安全距离，是因为什么？
A．遇到紧急情况时，能有足够的避让空间
B．跟车越近，越不容易掌握前车前方的情况
C．防止因前车尾灯损坏，不能及时发现前车制动
D．跟车太近，容易发生追尾
【参考答案】ABCD

41．出车前，应该做的准备工作是什么？
A．仔细巡视车辆四周的状况，观察车底和车身周围是否有障碍物
B．上车后关好车门，调整好座位，系好安全带
C．起动车辆，观察仪表，检查车辆工作是否正常
D．调整好后视镜
【参考答案】ABCD

42．驾驶机动车起步前，驾驶人对乘车人需要提出什么要求？
A．系好安全带
B．调整好后视镜
C．不要把身体伸出车外
D．不要向车外抛洒物品
【参考答案】ACD

43．汽车各轮胎气压不一致时，容易造成的后果是什么？

A．爆胎
B．汽车行驶油耗增大
C．操纵失控
D．加剧轮胎磨损
【参考答案】ABCD

44．出车前检查的目的是什么？
A．确认机动车车胎是否损毁
B．确认周围是否有障碍物
C．确认在车辆附近是否存在安全隐患
D．确认出车方向的安全性
【参考答案】ABCD

45．发生交通事故后，防止二次事故的有效措施是什么？
A．疏散人员
B．开启危险报警闪光灯
C．标记伤员的原始位置
D．正确放置危险警告标志
【参考答案】ABD

46．机动车发生侧滑时要如何调整方向？
A．前轮侧滑，向侧滑方向转动转向盘
B．前轮侧滑，向侧滑相反方向转动转向盘
C．后轮侧滑，向侧滑方向转动转向盘
D．后轮侧滑，向侧滑相反方向转动转向盘
【参考答案】BC

47．机动车行驶时突然发生自燃，驾驶人采取的以下紧急避险措施中，正确做法是什么？
A．用清水喷洒扑灭
B．及时报警
C．使用车内备用的灭火器灭火
D．在来车方向设置警告标志
【参考答案】BCD

48．与对向来车发生正面碰撞且碰撞位置在驾驶人正前方时，驾驶人正确的应急驾驶姿势是什么？
A．迅速躲离转向盘
B．往副驾驶座位躲避
C．迅速将两腿抬起
D．两腿蹬直
【参考答案】ABC

49．下坡路行驶，行车制动器突然失效后，可采用的减速方法是什么？
A．利用道路边专设避险车道减速停车
B．用车身靠向路旁的岩石或树木碰擦

C. 首先拉紧驻车制动器操纵杆
D. 抢挂低速挡
【参考答案】ABD

50. 机动车在行驶中突遇行车制动器失灵时，驾驶人要采取什么措施？
A. 握稳方向
B. 抢挂低速挡减速
C. 使用驻车制动器减速
D. 开启危险报警闪光灯
【参考答案】ABCD

51. 有效预防机动车发生行车制动器失效的措施是什么？
A. 定期维护制动系统
B. 行车前检查制动踏板的自由行程
C. 正确使用行车制动器，防止热衰退
D. 采用液压制动的机动车，行车前检查制动液是否渗漏
【参考答案】ABCD

52. 行车中发动机突然熄火后，要采取什么措施？
A. 立即停车检修
B. 立即开启危险报警闪光灯
C. 将机动车移到不妨碍交通的地点停车
D. 放置故障车警告标志
【参考答案】BCD

53. 机动车高速行驶中出现转向失控时，驾驶人要如何处置？
A. 紧急制动
B. 抢挂低速挡
C. 合理使用行车制动器和驻车制动器，避免紧急制动
D. 开启危险报警闪光灯
【参考答案】BCD

54. 机动车因故障必须在高速公路上停车时，要采取的正确做法是什么？
A. 在车后150m处设置故障警告标志
B. 在车后100m处设置故障警告标志
C. 夜间要开启示廓灯和后位灯
D. 要开启危险报警闪光灯
【参考答案】ACD

55. 机动车在高速公路上行驶，遇有雾、雨、雪且能见度在100~200m之间时，应该怎么做？

A. 开启雾灯、近光灯、示廓灯、前后位灯
B. 车速不超过60km/h
C. 与同车道前车保持100m以上的距离
D. 从最近的出口尽快驶离高速公路
【参考答案】ABC

56. 为确保机动车在高速公路行驶的安全，不得有下列哪些行为？
A. 倒车逆行，穿越中央分隔带掉头，或在车道内停车
B. 骑轧车行道分界线或者在路肩上行驶
C. 在匝道、加速车道或者在减速车道上超车
D. 试车或者学习驾驶机动车
【参考答案】ABCD

57. 机动车在高速行驶中，突然爆胎要采取的安全措施是什么？
A. 紧急制动，靠边停车
B. 牢牢地握住转向盘，保持直行
C. 立即松开加速踏板
D. 轻踩制动踏板
【参考答案】BCD

58. 机动车避免爆胎的正确做法是什么？
A. 降低轮胎气压
B. 定期检查轮胎
C. 及时清理轮胎沟槽内的异物
D. 更换有裂纹或损伤的轮胎
【参考答案】BCD

59. 驾驶机动车遇有漫水路时，要采取的正确做法是什么？
A. 停车察明水情
B. 确认安全后，低速通过
C. 机动车涉水后，间断轻踏制动踏板
D. 机动车涉水后，持续轻踏制动踏板
【参考答案】ABC

60. 在泥泞道路上行车时，采取的正确做法是什么？
A. 尽量避免使用行车制动器
B. 选用中低速挡慢速行驶
C. 稳握转向盘
D. 加速通过
【参考答案】ABC

61. 雾天机动车在道路上通行，驾驶人要怎样做？
A. 减速慢行

B．保持安全车距
C．正确使用灯光
D．高速行驶
【参考答案】ABC

62．驾驶汽车在冰雪道路上怎样安全行车？
A．必要时安装防滑链
B．必须降低车速
C．开启雾灯行驶
D．利用发动机制动
【参考答案】ABD

63．在图示有车辙的冰雪路段怎样行驶？
A．避免紧急制动
B．循车辙行驶
C．避免急转方向
D．降低车速行驶

【参考答案】ABCD

64．雨天安全行车的注意事项是什么？
A．避免紧急制动、紧急转向
B．保持足够的安全距离
C．注意非机动车和行人动态
D．选择安全车速行驶
【参考答案】ABCD

65．在图示路面较窄的急弯处行车时要注意什么？
A．集中注意力
B．降低车速
C．注意鸣喇叭
D．做好停车准备

【参考答案】ABCD

66．驾驶汽车在山区中图示的陡坡道转弯时，应怎样行驶？
A．转弯前减速
B．靠右侧行驶

C．鸣喇叭提示
D．转弯时加挡

【参考答案】ABC

67．驾驶汽车在山区上陡坡路段应怎样行驶？
A．挂高速挡加速冲坡
B．提前观察坡道长度
C．尽量避免途中减挡
D．上坡前减挡保持动力
【参考答案】BCD

68．驾驶汽车在山区道路转弯下陡坡路段，遇对面来车，应怎样行驶？
A．转弯前减速
B．进入弯道后加速
C．靠路右侧行驶
D．挂空挡滑行
【参考答案】AC

69．机动车在夜间发生故障时，驾驶人要做什么以确保安全？
A．选择安全区域停车
B．开启危险报警闪光灯
C．开启示廓灯和后位灯
D．按规定设置警告标志
【参考答案】ABCD

70．戚某驾驶大客车，乘载28人（核载55人），由南向北行至一无交通信号控制的交叉路口，以50km/h的时速，与由东向西行至该路口李某驾驶的重型半挂牵引车（核载40t，实载55.2t）侧面相撞，造成12人死亡、17人受伤。此事故中的主要违法行为是什么？
A．客车超员
B．客车超速行驶
C．货车超载
D．货车驾驶人经验不足
【参考答案】BC

71．彭某驾驶一辆重型半挂牵引车，载运37.7t货物（核载25t），行至大广高速公路一下坡路段，追尾碰撞一辆由李某驾驶在应急车道

171

内行驶的重型自卸货车（货厢内装载3.17m³黄土并搭乘24人），造成16人死亡、13人受伤。此事故中的主要违法行为是什么？

A．彭某超速行驶
B．彭某驾驶机动车超载
C．李某在应急车道内行驶
D．李某货车车厢内违法载人

【参考答案】BCD

72．石某驾驶低速载货机动车，运载4.05t货物（核载1.2t），行驶至宁津县境内314省道51km加260m处，在越过道路中心线超越前方同向行驶的机动车时，与对向正常行驶的中型客车（乘载12人，核载11人）正面相撞，造成10人死亡、2人受伤。此事故中的违法行为是什么？

A．货车超载
B．货车违法超车
C．客车超员
D．客车驾驶人疲劳驾驶

【参考答案】ABC

73．在图示山区危险路段怎样安全会车？

A．选择安全的地点
B．做到先让、先慢、先停
C．靠山体一侧的让行
D．不靠山体一侧的让行

【参考答案】ABC

74．在山区道路行驶时，驾驶人要注意什么？

A．保持与前车的安全距离
B．避免转弯时占道行驶
C．上陡坡提前换低速挡
D．下长坡时，充分利用发动机制动

【参考答案】ABCD

75．行车中不应该有以下哪些行为？

A．经常观察后视镜
B．变更车道不开启转向灯
C．左臂长时间搭在车门窗上
D．长时间抓变速杆

【参考答案】BCD

76．驾驶机动车遇到校车在道路右侧停车上下学生时，应注意什么？

A．同向只有一条机动车道，后方机动车应当停车等待
B．同向有两条机动车道，左侧车道后方机动车可以减速通过
C．同向有三条机动车道，中间车道后方机动车应当停车等待
D．同向有三条机动车道，左侧车道后方机动车可以减速通过

【参考答案】ACD

77．遇到图示同向行驶的非机动车时怎样行驶？

A．注意观察动态
B．适当减速慢行
C．保持安全间距
D．鸣喇叭加速超越

【参考答案】ABC

78．雨天遇到图示撑雨伞和穿雨衣的行人在路边行走，怎样通行？

A．注意观察行人动态
B．适当降低车速
C．保持安全距离
D．提前轻按喇叭提醒

【参考答案】ABCD

79．夜间会车时，对面来车不关闭远光灯怎么办？

A．及时减速让行，必要时靠边停车
B．开启远光灯，迫使来车变换灯光
C．视线向右平移，防止炫目

D．交替变换远近光灯，提醒来车
【参考答案】ACD

80．驾驶汽车驶近停有公交车的车站需要注意什么？
A．做好随时停车的准备
B．预防公交车突然起步
C．预防行人从车前穿出
D．与公交车保持安全间距
【参考答案】ABCD

81．通过居民小区时需要注意什么？
A．遵守标志
B．低速行驶
C．不鸣喇叭
D．避让居民
【参考答案】ABCD

82．接近图示人行横道线时怎样安全行驶？
A．提前减速观察
B．注意避让行人
C．随时准备停车
D．抢先加速通过

【参考答案】ABC

83．驾驶机动车通过图示学校时要注意什么？
A．观察标志标线
B．减速慢行
C．不要鸣喇叭
D．快速通过

【参考答案】ABC

84．驾驶汽车通过人行横道时要注意下列哪些情况？
A．突然横过的儿童
B．急速通过的自行车
C．缓慢通过的行人
D．准备横过的行人
【参考答案】ABCD

85．驾驶汽车在转弯路段易引发事故的驾驶行为有哪些？
A．占道行驶
B．急转转向盘
C．弯道前不减速
D．靠路右侧行驶
【参考答案】ABC

86．驾驶汽车在道路急转弯处怎样行驶？
A．减速靠路右侧行驶
B．不能占用对方车道
C．注意对面来车
D．鸣喇叭示意
【参考答案】ABCD

87．怎样安全通过图示较窄的弯道？
A．沿道路右侧行驶
B．挂低速挡减速通过
C．沿道路左侧行驶
D．挂高速挡加速通过

【参考答案】AB

88．机动车行驶至转弯路段时，易引发事故的驾驶行为有什么？
A．机动车占对向道行驶
B．在弯道内急转转向盘
C．在驶入弯道前不减速
D．机动车靠路右侧行驶
【参考答案】ABC

89．在道路上怎样安全跟车行驶？
A．注意观察前车动态
B．随时做好减速准备
C．尽量靠路左侧行驶
D．保持安全距离
【参考答案】ABD

90．驾驶汽车在道路上临时停车怎样选择停车路段和地点？

A．路面平坦坚实
B．可以随意停放
C．无禁止停车标志
D．不妨碍交通
【参考答案】ACD

91．驾驶汽车行车中怎样选择超车路段？
A．视线良好
B．对面无来车
C．路面无障碍物
D．道路宽直
【参考答案】ABCD

92．驾驶汽车遇雨、雪、雾等视线不清或路面较滑时怎样安全会车？
A．降低车速行驶
B．加大横向间距
C．应当加速行驶
D．必要时停车避让
【参考答案】ABD

93．在这种没有中心线的弯道上怎样安全会车？
A．紧靠道路中心
B．紧靠道路右侧
C．保持安全间距
D．降低车速行驶

【参考答案】BCD

94．在图示情况下怎样安全会车？
A．加速缩短会车时间
B．减速靠右行驶
C．保持安全间距
D．注意避让非机动车

【参考答案】BCD

95．在图示情况下怎样安全会车？
A．加速绕过障碍物
B．向左占道行驶
C．停车让对方先行
D．提前减速让行

【参考答案】CD

96．驾驶人在下车前应注意是什么？
A．车门开的幅度不要过大
B．开门下车动作要迅速
C．仔细观察左后方情况
D．开车门的动作要缓慢
【参考答案】ACD

97．图示情况下怎样安全驾驶？
A．提前减速行驶
B．观察交汇处车辆
C．提前加速通过
D．谨慎驾驶通过

【参考答案】ABD

98．驾驶汽车从支线道路怎样安全汇入主干道车流？
A．提前开启左转向灯
B．仔细观察主干道内情况
C．确认安全后汇入车流
D．加速直接汇入车流
【参考答案】ABC

99．驾驶汽车不系安全带在遇紧急制动或发生碰撞时可能会发生哪些危险？
A．撞击风窗玻璃
B．减少人员伤亡
C．被甩出车外
D．造成胸部损伤

【参考答案】ACD

100. 车辆发生碰撞时，关于安全带作用的说法错误的是什么？
    A. 保护颈部不受伤害
    B. 减轻驾乘人员受伤程度
    C. 减轻驾驶人疲劳
    D. 保持正确驾驶姿势

【参考答案】ACD

101. 叶某驾驶中型厢式货车，行至桃园镇睢桃线3km加600m弯道路段时，以40km/h的速度与王某驾驶的乘载19人正三轮载货摩托车发生正面相撞，造成10人死亡、9人受伤。双方驾驶人的主要违法行为是什么？
    A. 叶某驾驶与准驾车型不符的机动车
    B. 王某驾驶摩托车非法载客
    C. 叶某超速行驶
    D. 王某不按信号灯指示行驶

【参考答案】BC

102. 某日19时，杨某驾驶大客车，乘载57人（核载55人），连续行驶至次日凌晨1时，在江宁区境内104国道3008km加110m处，因机动车左前胎爆裂，造成12人死亡、22人受伤的特大交通事故。杨某的主要违法行为是什么？
    A. 疲劳驾驶
    B. 客车超员
    C. 超速行驶
    D. 操作不当

【参考答案】AB

103. 驾驶汽车进入双向通行的隧道时应注意什么？
    A. 开启近光灯
    B. 靠右侧行驶
    C. 开启远光灯
    D. 注意对向来车

【参考答案】ABD

104. 在隧道内通行时哪些行为是不正确的？
    A. 会车使用远光灯
    B. 在隧道内超车
    C. 会车时保持安全间距
    D. 开启近光灯行驶

【参考答案】AB

105. 机动车通过隧道时，禁止以下哪些行为？
    A. 超车
    B. 停车
    C. 掉头
    D. 倒车

【参考答案】ABCD

106. 冰雪路面对行车有哪些不利影响？
    A. 车辆操控难度增大
    B. 制动距离延长
    C. 易产生车轮滑转
    D. 极易发生侧滑

【参考答案】ABCD

107. 雨天遇到图示行人占道行走的情况怎样通行？
    A. 提前减速行驶
    B. 提前鸣喇叭提醒
    C. 不得急加速绕行
    D. 保持安全间距

【参考答案】ABCD

108. 雨天影响安全行车的主要因素有哪些？
    A. 视线受阻
    B. 路面湿滑
    C. 附着力变小
    D. 行驶阻力增大

【参考答案】ABC

109. 邹某驾驶大型卧铺客车（核载35人，实载47人），行至京港澳高速公路938km时，因乘车人携带的大量危险化学品在车厢内突然发生爆燃，造成41人死亡、6人受伤。此事故中的主要违法行为是什么？
    A. 客车超员
    B. 乘车人携带易燃易爆危险物品
    C. 超速行驶
    D. 不按规定停车

【参考答案】AB

110. 杨某驾驶改装小型客车（核载9人，实载64人，其中62人为幼儿园学生），行至榆林子镇王伏村处，占用对向车道逆行时与一辆重型自卸货车正面碰撞，造成22人死亡、44人受伤。该起事故中的主要违法行为是什么？

A. 货车超速行驶
B. 非法改装机动车
C. 客车超员
D. 客车逆向行驶
【参考答案】BCD

111. 夜间行车中汽车发生故障需要停车时怎么办?
A. 尽量选择安全区域停车
B. 开启危险报警闪光灯
C. 开启示廓灯和后位灯
D. 按规定设置警告标志
【参考答案】ABCD

112. 夜间驾驶汽车驶近上坡路坡顶怎样行驶?
A. 加速冲过坡顶
B. 开启远光灯
C. 合理控制车速
D. 交替变换远近光灯
【参考答案】CD

113. 夜间在图示道路条件怎样跟车行驶?
A. 注意前车信号灯变化
B. 使用近光灯
C. 保持安全距离
D. 做好减速或停车准备

【参考答案】ABCD

114. 下列关于驾驶汽车突然变道加塞说法正确的是什么?
A. 缓解交通拥堵
B. 易引发交通事故
C. 提高通行效率
D. 造成道路拥堵
【参考答案】BD

115. 驾驶汽车频繁变更车道有哪些危害?
A. 扰乱交通秩序
B. 易导致爆胎
C. 影响正常通行
D. 易引发交通事故
【参考答案】ACD

116. 驾驶汽车怎样向左安全变更车道?
A. 观察左侧道路情况
B. 打开左转向灯
C. 不得影响正常通行车辆
D. 迅速向左变道
【参考答案】ABC

117. 驾驶汽车超速行驶有哪些危害?
A. 反应距离延长
B. 视野变窄
C. 加重事故后果
D. 制动距离延长
【参考答案】ABCD

118. 林某驾车以110km/h的速度在城市道路行驶,与一辆机动车追尾后弃车逃离被群众拦下。经鉴定,事发时林某血液中的酒精浓度为135.8mg/100ml。林某的主要违法行为是什么?
A. 醉酒驾驶
B. 超速驾驶
C. 疲劳驾驶
D. 肇事逃逸
【参考答案】ABD

附 录

交通标志与汽车图标识别技巧

交通标志与汽车图标识别对照表

图例	名称	解说	对照图例
	注意牲畜	标志中有牛（牲畜），表示注意前方有牲畜出没，黄色、三角表示警告、注意	注意野生动物
	连续下坡	标志中有两个连续的下坡和表示下坡的箭头。连续下坡提醒车辆驾驶人小心驾驶。当连续下坡总长大于3km后，应重复设置	下坡
	禁止掉头	禁令标志一般以红色为主，上边有道红线，意为禁止的意思	掉头
	慢行	标志中有个"慢"字，如果有个"让"字则表示让行	停车让行
	应急避难场所	记忆联想：标志中的人是跑动的动作。蓝色底表示允许	—

177

附　录　　交通标志与汽车图标识别技巧

续表

图　例	名　称	解　说	对照图例
	反向弯路	标志中的路线向左急转弯后再向右急转弯，用以警告车辆驾驶人减速慢行。	 警告前方道路易滑
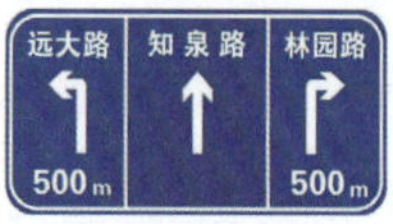	交叉路口预告	交叉路口预告标志中往往有表示到路口的距离，分道行驶标志只有箭头表示	 单直行车道
	Y形交叉路口预告	该标志表示走的一条路分出来两条道，并且箭头倾斜成Y形路	 丁字交叉路口预告
	环行交叉路口预告	环行交叉路口标志中间有个圆环形，而十字交叉路口标志是十字形	 十字交叉路口预告
	连续弯路	连续弯路标志中间是三道弯	 反向弯路
	傍山险路	该标志设在山区地势险要路段。记忆联想：图中有座山，削山有条路	 注意落石
	路面高突	路面高突标志用以提醒车辆驾驶人减速行驶。注意保持车距用以警告驾驶人注意和前车保持安全距离	 注意保持车距
	左侧通行	标志中白、红色块向左斜就是左侧通行，向右斜就是右侧通行，白、红色块箭头方向就是通行方向	 右侧通行

交通标志与汽车图标识别对照表

续表

图 例	名 称	解 说	对照图例
	中心圈	中心圈标线设在平面交叉路口的中心，是用以区分车辆大、小转弯，以及交叉口车辆左、右转弯的指示，中心圈标线可以是白色圆形，也可以是菱形区域	 中心圈
	分离式道路	分离式道路是指左、右行车道分开修建的公路，包括中央分隔带不等宽的分离式车道和左、右两侧行车道不等高的分离式车道	 窄桥警告标志
	休息区	记忆联想：休息区有坐着休息的图形，服务区图中有加油、通车、餐饮（叉子和勺子）的组合标志，停车场就是一个P标志	 服务区
	注意儿童警告	注意儿童警告标志一般是安装在小学、幼儿园、少年宫等儿童经常出入地点前适当的位置。如果警示车辆驾驶人前方是学校区域，则往往设置带有学校字样的辅助标志，以及含有警告注意儿童标志	 提醒警告车辆驾驶人前方是学校区域
	施工路段	记忆联想：施工路段工人在铲土	 施工
	堤坝路	记忆联想：堤坝阻挡了水流。在堤坝路上行车谨防落入水中	 堤坝

179

附 录　　交通标志与汽车图标识别技巧

续表

图例	名称	解说	对照图例
	减速让行	记忆联想：三角形+"让"字表示减速让行。圆形+"停"字表示停车让行	 停车让行
	注意行人	记忆联想：注意行人标志是黄色背景，是警示标志。蓝色背景的标志是指示标志。如果把注意行人标志的背景换成蓝色就是人行横道指示标志了	 人行横道
	车道数变少	车道数变少标志是用三车道变成二车道图示，并且有明显的虚线。合流处标志是二合一的图示，并且是主道与匝道图示	 合流处
	村庄或集镇	该标志中有房屋和树	 傍山险路
	高速公路起点	高速公路起点不是入口，入口不一定是起点，可能是匝道	 高速公路起点
	高速公路终点	高速公路终点标志比高速公路起点标志多了红色撇线。加红色撇线与距离的是高速终点预告标志	 高速公路终点

180

交通标志与汽车图标识别对照表

续表

图 例	名 称	解 说	对照图例
	渡口	渡口是指以船渡方式衔接两岸交通的地点。 过水路面指的是通过平时无水或流水很少的宽浅河流而修筑的，在洪水期间容许水流浸过的路面	过水路面
	注意危险	记忆联想：感叹号表示注意，黄色代表警告——注意危险。	注意车距
	建议速度	记忆联想：黄色表示警告，圆形是禁令标志的形状，禁令标志是指禁止、限制类型的标志。 最低时速限制是蓝底白图案，不是所有的限速都是白底红字。高度限速标志是白底红字	最低时速限制
	避险车道	避险车道是指在长陡下坡路段行车道外侧增设的，供速度失控车辆驶离正线安全减速的专用车道	右转车道
	停车让行	表示车辆必须在停止线以外停车瞭望，确认安全后，才准许通行。停车让行标志在下列情况下设置：①与交通流量较大的干路平交的支路路口；②无人看守的铁路道口；③其他需要设置的地方	停车让行
	禁止通行	记忆联想：禁止通行，一个圈——整个空间。 禁止驶入，圈中带杠——人就一个口	禁止驶入
	禁止停放车辆	禁止停放车辆标志表示在限定的范围内，禁止一切车辆临时或长时停放。此标志设在禁止车辆停放的地方。禁止车辆停放的时间、车种和范围可用辅助标志说明 禁止长时停车标志表示禁止车辆长时停放，临时停放不受限制。	禁止长时停车

附　录　　交通标志与汽车图标识别技巧

续表

图例	名称	解说	对照图例
	禁止鸣喇叭	如果有禁止鸣喇叭的时间和范围可用辅助标志说明。 应当鸣喇叭标志是蓝底白图案	应当鸣喇叭
	限制宽度	记忆联想：左右为宽，上下为高	限制高度
	右转车道	右转车道标志表示只准一切车辆向右转弯。此标志设在车辆必须向右转弯的路口以前适当位置。 分向行驶车道标志中的几个箭头表示在相应车道只能左转、直行、右转	分向行驶车道
	机动车行驶	机动车行驶标志是车辆行驶标志的一种。车辆行驶标志有机动车和非机动车行驶标志之分	多乘员车辆专用车道
	交通监控设备标志	交通监控设备标志属于指路标志，蓝底、白图形、白边框、蓝色衬边。用于告知机动车驾驶人该区域设置有固定式交通监控设备。 该标志没有拍照区、抓拍、监测之分，只是表示交通监控设备	—
	高速公路右侧出口预告	记忆联想：绿色表示高速，箭头朝哪就是哪侧出口	—

交通标志与汽车图标识别对照表

续表

图例	名称	解说	对照图例
	高速公路紧急电话	高速公路上没有公用电话，只有紧急电话	
	高速公路救援电话	高速公路救援电话提供的是一个救援电话号码。高速公路报警电话提供的也是一个救援电话号码	高速公路救援电话
	紧急停车带	紧急停车带是一个图案，错车位是两道线	错车位
	高速公路停车区预告	高速公路停车区预告标志有P字母，有饮茶图画。 高速公路停车场预告标志只有P字母，没有饮茶图画	高速公路停车场预告
	多乘员车辆专用车道	记忆联想：多乘员车辆专用车道标志，比机动车专用车道标志上的小车多了2个小人，所以它是多乘员车辆专用车道。 该标志并不是指某一类汽车，而是一种泛指。指那些相对于车内只有一个驾驶人，除了驾驶人之外还有多名乘客的小型及大中型汽车	非机动车车道
	机动车道	专用车道标志是指示标志。指示标志一般用以指示车辆与行人按规定方向、地点行驶。以蓝色为底，白色图案，形状分为圆形、长方形和正方形。 具体车辆的专用道包括公交、BRT、多乘员车道。通用的有机动车车道、非机动车车道	非机动车行驶

183

附 录　　交通标志与汽车图标识别技巧

续表

图　例	名　称	解　说	对照图例
	隧道开灯	记忆联想：标志中是小车开灯进入隧道的场景	 隧道
	路面不平	标志中2个凸起表示路面不平，有1个凸起的表示路面高出。 桥头跳车标志与路面不平标志相同	 桥头跳车
	注意落石	注意落石标志有落石的图示。警告标志一般以鲜明的黄色为底色，引人注意	 傍山险路
	向左单行路	单行路分直行单行路（长方形蓝底箭头向上）、向左或向右单行路（长方形蓝底箭头向左或向右），单行路是长方形的。 直行车道是蓝底圆圈箭头向上	 直行车道
	驼峰桥	驼峰桥标志中有座拱桥的图案，像骆驼的驼峰。	 骆驼驼峰
	只准直行	记忆联想：不管多少车道，唯一的方向就是直行，所以只准直行。 单直行车道是方框里有两条车道线	 单直行车道

交通标志与汽车图标识别对照表

续表

图 例	名 称	解 说	对照图例
	露天停车场	字母P代表露天停车场；而P上面有一小箭头，代表屋顶，表示室内停车场；P的旁边加上15min，表示可以停车15min；P的旁边画上校车、出租车、残疾人车等，就表示只能停画上的这种车辆；属于单位自有的停车位，P的旁边还会写上"单位专属"；在某些小区，标有"私人专属"的P表示，这是私人车位	 室内停车场
	指示前方左转弯	指示前方左转弯标志只是方向指示。如果变道，往往图上有车道，例如左转车道标志	 左转车道
	制动系统出现异常	记忆联想：制动片抱不住了！所以图中有个感叹号。圆形图案像轮毂，两边括号图案像制动片	—
	发动机舱开启	记忆联想：看到前盖开启联想到发动机舱，后盖开启联想到行李舱	 行李舱开启
	冷却液不足	记忆联想：冷却液液面低位图形，红色部分像火焰，表示温度过高，要加冷却液	 制动系统出现异常
	提醒发动机冷却液可能不足	图中的波纹表示水，联想到冷却液。冷却液不足，温度高，以红色警示	 冷却液不足

附　录　　交通标志与汽车图标识别技巧

续表

图　例	名　称	解　说	对照图例
	前风窗玻璃刮水器及洗涤器	前风窗与后风窗的区别：半弧形的图标是前风窗，四方形的图标是后风窗	后风窗刮水器
	危险报警闪光灯	危险报警闪光灯使用场合：能见度低于100m时；在逆路上临时停车时；在道路上发生交通事故或车辆发生故障时；牵引故障机动车时	—
	车速里程表	车速里程表由车速表和里程表构成，车速表表示汽车的时速，单位km/h；里程表显示汽车单次和总的里程数	—
	启用地板及前风窗玻璃吹风	图中大箭头向下表示吹的是地板，曲线上升吹扇形表示是吹的前风窗。后风窗玻璃一般是用长方形表示。记忆联想：垂直向下表示吹地板，直吹人脸表示迎面出风	迎面出风

参考文献

[1] 阳许倩，等. 完胜通关科目一 [M]. 北京：中国电力出版社，2016.
[2] 阳许倩，等. 完胜通关科目四 [M]. 北京：中国电力出版社，2016.